Christian Feldmann

Die schwarze Nacht des Glaubens

W0108882

Christian Feldmann

Die schwarze Nacht des Glaubens

Thérèse von Lisieux

Herder

Freiburg · Basel · Wien

Umschlaggestaltung: Finken & Bumiller, Stuttgart
Umschlagmotiv: Foto Helmut N. Loose

Alle Rechte vorbehalten – Printed in Germany
© Verlag Herder Freiburg im Breisgau 1997
Satzverarbeitung: G. Scheydecker, Freiburg im Breisgau
Druck und Bindung: Freiburger Graphische Betriebe 1997
ISBN 3-451-26340-8

Inhalt

Einführung
Die schwarze Nacht des Glaubens

Im Sommer 1897 kämpft im Karmel von Lisieux eine 24jährige Nonne mit dem Tod. Die Tbc hat ihre Lungen zerstört, der Atem kommt schwach und rasselnd. Erstickungsanfälle, Hungerphantasien, Selbstmordgedanken. Durch das offene Fenster hört die Sterbende, wie sich zwei Mitschwestern über sie unterhalten: „Schwester Thérèse wird bald sterben", sagt die eine gleichgültig, „was wird man den anderen Klöstern im Totenbrief schreiben können? Sie trat bei uns ein, lebte und starb – mehr ist wirklich nicht zu sagen."

Ganz recht, denkt Thérèse Martin – *Theresia vom Jesuskind und vom Heiligsten Antlitz* heißt sie im Kloster – in ihrer Todesangst.

Als Kind hat sie immer nur vom Karmel geträumt, bis zum Bischof und bis nach Rom ist sie gegangen, um die Erlaubnis zu bekommen, schon mit 15 Jahren einzutreten. Im Vatikan hat sie für einen Skandal gesorgt, als sie bei der Audienz die Knie von Papst Leo XIII. umklammerte und bettelte: „Oh, sagen Sie ja!", bis sie von Nobelgardisten aus dem Saal geschleppt wurde.

Und jetzt? Was ist aus den himmelstürmenden Idealen von damals geworden? „Sehen Sie dort unten das schwarze Loch, wo man nichts mehr unterscheiden kann?" fragt sie eine Besucherin und zeigt auf eine finstere Stelle unter den Kastanienbäumen im Klostergarten. „In einem solchen Loch bin ich mit Seele und Leib. O ja, was für eine Finsternis!" Im Karmel weiß kaum jemand, daß die immer so bezaubernd lächelnde Mitschwester mit dem fröhlichen Kindergemüt seit 18 Monaten von entsetzlichen Glaubenszweifeln gequält wird. Der Himmel verschließe sich ihr mehr und mehr, stellt sie fest. „Ich glaube nicht an das ewige Leben, es scheint mir, daß es nach diesem sterblichen Leben nichts mehr gibt."

Längst sei es kein Nebel mehr, der ihre Seele umhülle und das Licht des Glaubens verdunkle, vertraut sie ihrer Priorin an, „es ist eine Mauer, die sich bis zu den Himmeln erhebt und das sternbesäte Firmament verdeckt!" Manchmal erinnere sie sich an die verlorene Geborgenheit in der Nähe Gottes. Dann verdopple sich ihre Qual; „die Stimme der Gottlosen annehmend, scheint die Finsternis mich zu verhöhnen und mir zuzurufen: Du träumst von Licht, von einer mit lieblichen Wohlgerüchen durchströmten Heimat, du träumst von dem ewigen Besitz des Schöpfers all dieser Wunderwerke, du wähnst, eines Tages den Nebeln, die dich umfangen, zu entrinnen! Nur zu, nur zu, freu dich über den Tod, der dir nicht, was du erhoffst, geben wird, sondern eine noch tiefere Nacht, die Nacht des Nichts."

Nein, Theresia vom Jesuskind – die als Zwanzigjährige immerhin bereits mit der Ausbildung der neu in Lisieux eintretenden Novizen betraut worden ist – hält sich für keine musterhafte Ordensfrau. Außerhalb des Klosters kennt sie kaum ein Mensch, als ihr Leben mit 24 Jahren verlischt. Doch dann geschieht das Wunder: Von ihrer Autobiographie – obwohl streckenweise überaus langweilig geschrieben, im süßlichen Frömmigkeitsstil der Zeit und aus einem ziemlich pubertären Blickwinkel – werden in den nächsten 25 Jahren allein auf Französisch zweieinhalb Millionen Exemplare verkauft; heute ist das Buch in mehr als 60 Sprachen und Dialekte übersetzt.

Pilger aus aller Herren Ländern belagern den Friedhof von Lisieux, schmuggeln Erdkrümel und Späne vom hölzernen Grabkreuz wie kostbare Reliquien davon. Der

Kult um die kleine Nonne sprengt nationale und konfessionelle Grenzen; im Ersten Weltkrieg schmückt ihr Bild die Gewehrkolben zahlloser französischer und deutscher Soldaten; in Nazareth wird ihre Ikone in der griechisch-katholischen Kirche verehrt, in den USA und Lateinamerika beten sie zu The little Flower of Lisieux und Teresita, in Kairo stiften begeisterte Moslems der kleinen Heiligen Allahs eine Kirche. Als Papst Pius XI. Thérèse 1925 in Anwesenheit von 500 000 Gläubigen heiligspricht, schallt zum ersten Mal bei einer solchen Zeremonie donnernder Applaus durch den Petersdom.

Was fasziniert die Menschen so an der kleinen Nonne, die versteckt in einem unbedeutenden Klösterchen gelebt und nicht mehr hinterlassen hat als eine reichlich biedere Selbstbiographie, ein paar sentimentale Gedichte und etliche nicht minder kitschige Malereien von Engelchen und dem bluttropfenden Herzen Jesu? Böse Zungen behaupten, es sei gerade die Gewöhnlichkeit dieses ganz im Trend vorkonziliarer Getto-Frömmigkeit liegenden Lebens gewesen, das Thérèse zur idealen Leitfigur gemacht habe: brav, angepaßt, nirgends aneckend, niemals die behäbige Selbstzufriedenheit eines schrecklich verbürgerten Christentums kritisierend.

Thérèses leibliche Schwestern – gleich drei traten ebenfalls in den Karmel von Lisieux ein – gaben sich alle Mühe, der Welt dieses Bild einer unproblematischen Heiligen zu liefern. Pauline, die Thérèse um 54 Jahre überlebte, glättete die verräterischen Hinweise auf Sinnlosigkeitsgefühle und Glaubenszweifel in den hinterlassenen Manuskripten. Céline, künstlerisch begabt, aber ohne jede Ausbildung, retuschierte die Fotos, die sie von ihrer Schwester gemacht hatte, um die depressiven und energischen Züge. Leider griff sie dann auch noch zu Pinsel und Farbpalette und schuf den Prototyp jener süßlichen Klosterfrau mit den Rosen im Arm, die seither in tausendfacher Kopie Kathedralen und Dorfkirchen in aller Welt ziert.

Zum Glück ist das gutgemeinte Täuschungsmanöver mißlungen. Gerade die sogenannten einfachen Leute erkannten mit untrüglichem Gespür für das Echte, Ursprüngliche, daß sich hinter der idealisierten Gipsfigur ein Mensch mit ganz irdischen Ängsten und Sehnsüchten verbirgt – ein Mensch, der noch dazu die Abgründe der modernen Gottesfinsternis kennt, dem sich die Gedanken der „schlimmsten Materialisten" (Thérèse) aufdrängen, der die Freude an Gott verloren hat und nur noch in einer trotzigen, tapferen Liebe glaubt: „Meine Torheit besteht darin, zu hoffen", sagt sie auf dem Sterbebett, und: „Ich sage ihm nichts – ich liebe ihn!"

Früher hat sie sich gar nicht vorstellen können, daß ein vernünftiger Mensch die Existenz des Himmels leugnen kann. Jetzt betrachtet sie die Ungläubigen als ihre „Brüder" – und bittet Gott in einer verrückten Liebe, mit ihnen am selben „von Bitterkeit erfüllten" Tisch essen und nach dem Licht Ausschau halten zu dürfen, das sie nicht mehr sieht, an das sie aber mit allen Fasern ihres großen Herzens glaubt.

Aufgewachsen im katholischen Getto des ausgehenden 19. Jahrhunderts, ohne Kontakt mit moderner Kultur und „aufgeklärter" Weltanschauung, empfindet sie doch intuitiv die Nöte und Irritationen ihres Zeitalters mit, setzt sich ebenso sanft wie subversiv von Fehlformen einer veräußerlichten, von Angst und Leistungsdenken bestimmten Frömmigkeit ab und bereitet in ihren so schlicht formulierten Schriften den spirituellen Neuaufbruch mit vor, der spätestens mit dem Zweiten Vatikanischen Konzil ihre ganze Kirche erfassen wird.

Vorrang der Heiligen Schrift vor jeder noch so „erbaulichen" menschlichen Auslegung, Kirche als lebendiger Organismus und Leib Christi verstanden, Berufung jedes Getauften zur – ganz persönlich gestalteten – Heiligkeit, geschwisterliche Verbundenheit mit Anders- und Ungläubigen, Solidarität statt selbstgerechter Abgrenzung gegenüber den „Sündern", Wiederentdeckung der weiblichen Züge an einem nicht mehr als unversöhnlicher Rächer, sondern als barmherziger Menschenfreund begriffenen Gott, Theologie aus der Erfahrung und mit dem Herzen betrieben, Verpflichtung der Kirche zur missionarischen Existenz, Option für die Armen und Hilflosen – lauter zentrale Anliegen einer stillen, diskreten, ihrer Zeit aber weit vorauseilenden kleinen Nonne aus der Normandie.

1

Das Erbe:
„Alles lächelte mir auf Erden zu"

„Denn er befiehlt seinen Engeln,
dich zu behüten auf all deinen Wegen.
Sie tragen dich auf ihren Händen"

PSALM 91

Wenn Thérèses Vater mit seinem Lieblingstöchterchen durch die Stadt spaziert, warnt er es vor Schaufenstern, in denen etwas sittlich Anstößiges zu sehen sein könnte. Die Route hat er zuvor mit Bedacht ausgewählt. Die älteren Schwestern werden ermahnt, die „schlechten" Stadtviertel zu meiden und den Schritt zu beschleunigen, wenn irgendwo an einer Ecke junge Männer müßig beisammenstehen.

Thérèses kurzes, auf den ersten Blick so unauffälliges Leben ist voller Wunder, wie diese Episoden zeigen: Die Ordensfrau, die uns Menschen der Jahrtausendwende mit ihren Problemen und Ideen wie eine Weggefährtin erscheinen muß, ist als Kleinstadt-Katholikin aus dem Bilderbuch aufgewachsen, in einer etwas muffigen Familienatmosphäre und vor allen Gefahren und Attraktionen zeitgenössischer Kultur sorgsam behütet.

Thérèse – das ist das Wunder – entwickelt sich trotzdem zu einem quicklebendigen, fröhlichen Backfisch mit Charme und Eigensinn.

Alençon in der Normandie ist in den achtziger Jahren des vorigen Jahrhunderts eine ruhige Provinzhauptstadt mit 17 000 Einwohnern. Beamte, Kaufleute, Handwerker genießen ihren behäbigen Wohlstand, ohne aufzutrumpfen: Auch die Villen der Landadeligen sind im schlichten Fachwerkstil gebaut. Bäche und Flüsse schlängeln sich malerisch durch die alten Häuserzeilen. Balzac hat hier einige seiner Romane spielen lassen.

In der Rue Saint-Blaise können die Nachbarn die Uhr nach dem Ehepaar Martin stellen, das jeden Morgen pünktlich um halb sechs zur Frühmesse in Notre-Dame pilgert. Manche halten soviel Frömmigkeit für übertrieben. Aber man weiß ja, daß die beiden eigentlich ins Kloster hatten gehen wollen: Der junge Louis Martin – ein gelernter Uhrmacher – klopfte bei den Augustinerchorherren auf dem Großen Sankt Bernhard an, in der Schneewelt der Alpengipfel, wurde aber wegen seiner mangelnden Lateinkenntnisse abgewiesen. Unverdrossen absolvierte er 120 Übungsstunden bei einem Hauslehrer, mußte das Studium dann aber wegen einer langwierigen Krankheit unterbrechen und kehrte resigniert zu seinem Handwerk zurück. Einige Jahre später entschloß sich eine gewisse Zélie-Marie Guérin dazu, als Krankenpflegerin in den Orden der Vinzentinerinnen einzutreten. Doch auch sie schickte man weg, die Gründe kennen wir nicht.

Wohl mehr aus Pflichtbewußtsein – beide stammten aus Offiziersfamilien – als aus leidenschaftlicher Zuneigung fanden sich die gescheiterten Ordenskandidaten zur Ehe zusammen. Die fromme Legende erzählt, Zélie habe den ernst und würdig aussehenden Louis eines Tages auf einer Brücke erblickt und dank einer inneren Stimme sofort als den ihr von Gott zugedachten Bräutigam identifiziert. In Wirklichkeit scheint die Mutter des bereits leicht angegrauten, schweigsamen Junggesellen die treibende Kraft gewesen zu sein.

Jedenfalls sehen beide in der Ehe lediglich eine Lebensform zweiter Wahl. Der erste Weg nach der Trauung führt sie ins Kloster Le Mans, wo Zélies Schwester Élise lebt. Die unglückliche Braut bricht in einen Weinkrampf aus

16

und wünscht sich, hier bleiben zu dürfen. Daheim in Alençon fassen die beiden frisch Vermählten den festen Vorsatz, eine Josephsehe zu führen und sich aller sexuellen Lust zu enthalten.

Ein lebenskluger Beichtvater wird ihnen diese Idee später zwar ausreden können, aber über dem ehelichen Schlafzimmer wird immer der Schatten der Klosterzelle lasten. Zélie ist 26 Jahre alt, als sie ihren Louis heiratet, mit 45 wird sie an Brustkrebs sterben. Dazwischen liegen neun Geburten. Fünf Kinder überleben, alles Mädchen, alle fünf werden Nonnen. „Ich träume nur vom Kloster und der Einsamkeit", gesteht Mutter Zélie kurz vor ihrem Tod.

Zélie und die Pariser Kaufhäuser

Dabei ist diese Zélie Martin eine fantastische Geschäftsfrau, die trotz ihrer schwachen Gesundheit scheinbar spielend die Doppel- und Dreifachbelastung einer Hausfrau, Mutter und Gewerbetreibenden aushält und ihren nicht besonders lebenstüchtigen Mann mit liebevoller Energie dirigiert. Von ihr hat Thérèse offenbar die unter einer bezaubernden Sanftheit verborgene eiserne Disziplin und Durchsetzungsfähigkeit geerbt.

Schon im Elternhaus hat Zélie begonnen, mit der Herstellung von Spitzen ein florierendes Unternehmen aufzubauen. So ungewöhnlich dieser selbständige Initiativgeist für ein junges Mädchen der Epoche ist, so typisch sind die damit verfolgten Zwecke für Zélie: Zum einen will sie ihre Aussteuer – und damit ihre Heiratschancen – aufbessern, zum andern den aufdringlichen Annäherungsversuchen entfliehen, denen sie in ihren bisherigen Beschäftigungsverhältnissen als Spitzenklöpplerin ausgesetzt war.

Statt von einem launenhaften Chef abhängig zu sein, sucht sie sich jetzt geschickte Heimarbeiterinnen, bildet sie gründlich aus, verhandelt mit Privatkunden und Textilhändlern. Die feinen, in raffinierten Mustern durchbrochenen Spitzen von Alençon sind fast so berühmt wie die von Lille, Brüssel und Venedig. Die Fäden, die besonders fein sein müssen, werden mit der Hand – später auch mit der Maschine – gewebt, genäht, gestickt, gehäkelt oder in einem komplizierten Verfahren mit paarweisem Kreuzen und Verzwirnen geklöppelt.

Zélie übernimmt nicht nur die Büroarbeit und den Verkauf der Ware – unter anderem an vornehme Kaufhäuser in Paris –, sie zeichnet selbst ganz hervorragende Vorlagen auf gelochtes Pergament, das ihre Angestellten auf das zu verarbeitende Gewebe heften. Und sie behält sich den schwierigsten Teil der Spitzenproduktion vor: das Zusammensetzen der filigranen Einzelstücke zu fertigen Damengarnituren, mit hauchdünnem Zwirn und fast unsichtbaren Nadelstichen.

Um die hier an den Tag gelegte Kunstfertigkeit zu verstehen, muß man sich einmal den prächtigen Chorrock aus Alençon- und Argentan-Spitzen ansehen, den die Rom-Wallfahrer aus Bayeux und Lisieux – unter ihnen Louis Martin mit der kleinen Thérèse – 1887 Papst Leo XIII. zum Geschenk machten: ein duftiges Spinnengewebe aus hundert Blütenranken und Ornamenten, dazwischen die Wappen der beteiligten Bistümer, die päpstliche Tiara, die Petrusschlüssel und die Widmung in feinen Schriftzügen – eine Kostbarkeit, die an die Textilkultur mittelalterlicher Gobelins heranreicht.

Von halb fünf Uhr früh bis elf Uhr nachts sei sie auf den Beinen, klagt Zélie, wenn ihr die Arbeit in Haus und Betrieb doch einmal über den Kopf wächst. Ein Dienstmädchen stellen die Martins erst später ein. In solchen verzagten Stunden offenbart sie dann jene ins Leiden verliebte Weltverachtung und depressive Schicksalsergebenheit, die so eigenartig mit ihrem resoluten Geschäftssinn kontrastiert. Ein dauerhaftes Glück gebe es auf dieser Erde nicht, wiederholt sie in ihren zahlreich erhaltenen

18

Briefen immer wieder; „man vergeudet seine Zeit, wenn man es da sucht".

Céline Martin erinnert sich, ihre Mutter habe Poesie geliebt und gern zitiert. Aber: „Es geschah immer mit einem gewissen Ton von Traurigkeit, denn sie fühlte sich hier unten wie im Exil." Geradezu zwanghaft schildert sie dem Bruder, der Schwägerin, den Töchtern in ihren Briefen schaurige Beispiele für die Vergänglichkeit irdischen Glücks: Ein Mühlenbesitzer hat sich ein herrliches Haus gebaut, seine Frau schwärmt allen Bekannten vor, sie fühle sich so wohl ohne materielle Sorgen, ohne Kinder, die sie in ihrer Ruhe stören könnten, und gesund seien sie beide auch noch … Zélie: „Unglück, dreimal Unglück dem, der so reden kann." Und tatsächlich stürzt das vom Schicksal scheinbar so begünstigte Ehepaar im Dunkeln in eine Baugrube auf dem noch nicht fertig hergerichteten Grundstück, die Frau reißt einen Stein mit, der ihren Mann sofort tötet, sie selbst stirbt kurz nach ihrer Bergung. Mit dem breit ausgemalten Horrorszenario will Zélie ihren Bruder Isidore vor einer unbedachten Heirat warnen.

Ganz unverständlich sind die Anwandlungen zur Schwarzseherei und Weltflucht ja nicht; Zélie verliert innerhalb von vier Jahren zwei Söhne und zwei Töchter im zarten Alter, und ihre freudlose Kindheit läßt sich nicht einfach auslöschen. Die strenge Mutter hat ihr nicht einmal eine Puppe erlaubt. „Traurig wie ein Leichentuch" seien ihre jungen Jahre gewesen, sagt sie selbst. Um so höher ist der stets überarbeiteten, an dauernder Migräne und einem verdüsterten Gemüt leidenden Frau anzurechnen, daß sie offensichtlich Freude an ihren Kindern hatte, ihre ängstlichen Anwandlungen im Zaum hielt und den Töchtern energisch, aber auch fröhlich und sensibel begegnete.

Stehaufmännchen vom „Patriarchen"

Die beiden Eltern ergänzen sich vortrefflich. Denn was dem träumerisch veranlagten Vater Louis an Weltgewandtheit fehlt, ersetzt er durch lauteren Charakter und eine strahlende Güte. Bei den Martins scheint die eingeschliffene Rollenverteilung umgedreht: Zélie ist der Kopf, Louis das Herz der Familie. Er spinnt sich gern in seine eigene Welt ein, baut sich in einem Turm eine Einsiedelei zum Beten und Grübeln, verbringt den Sonntagnachmittag am liebsten mit Angeln, schwärmt für melancholische Gedichte wie das von Lamartin: „Die irdische Zeit ist dein Schiff, nicht deine Heimat ..."

Doch der verhinderte Eremit ist ein glücklicher Familienvater und ein ähnlich vielschichtiger Charakter wie seine Frau: Als Soldat hat er im Spanienfeldzug das Kreuz eines *Chevalier de l'Ordre Royal et Militaire de Saint-Louis* erhalten. Als guter Schwimmer rettet er mehr als einmal unter Lebensgefahr hilflose Menschen aus den Fluten. Er nervt träge Beamte mit Eingaben, weil er irgendeinen Landstreicher, mit dem er sich angefreundet hat, unbedingt im Altenheim unterbringen will. Er schleppt einen Betrunkenen nach Hause, den er in einer frostigen Nacht im Rinnstein liegend findet. Und als er auf dem Bahnhof einen zerlumpten Epileptiker beobachtet, funktioniert er seinen Zylinder zur Sammelbüchse um und sorgt dafür, daß der arme Tropf ärztliche Hilfe erhält.

Die Geistlichkeit nennt den etwas gravitätisch auftretenden Monsieur Martin zum Dank für seine Spendenfreudigkeit den „heiligen Patriarchen". Doch zu Hause albert er mit den Töchtern herum, schnitzt ihnen mit seinen geschickten Uhrmacherhänden wunderliches Spielzeug und drollige Stehaufmännchen. Genauso müßten sie es im Leben machen, rät er ihnen: nach einer Niederlage einfach wieder aufstehen! Sein Uhren- und Juweliergeschäft hat er mittlerweile verkauft und ist in Zélies immer lukrativere Spitzenproduktion eingestiegen; für die Feinarbeiten wie das Perforieren der Pergamentmuster bringt keiner soviel Geduld auf wie er.

Die Atmosphäre im Hause Martin scheint auf den ersten Blick mit religiösem Zwang und einer ungesunden, sentimentalen Frömmigkeit überladen. Harmonie und Idylle um jeden Preis, kindlicher Kadavergehorsam als Liebe getarnt, Scheuklappen und eine nicht besonders sympathische Abgrenzung gegen die böse Welt draußen. Es braucht nur ein wenig Amateurpsychologie, um diese Familienfestung als Brutstätte von Neurosen und Zwangshaltungen zu diagnostizieren.

Man übersieht dabei zwei wichtige Faktoren: Erstens kann Religion offensichtlich auch Freude machen; bei den Martins war sie mit Humor, einer gewissen Leichtigkeit der Lebensart und einer handfesten, sozial wachen Form von Nächstenliebe verbunden. Zweitens muß es in diesem Haus soviel Wärme, Herzlichkeit und aufmerksame Güte gegeben haben, daß sich die Töchter nach jahrzehntelanger Klostererfahrung den Himmel immer noch nach dem Bild ihrer glücklich vereinten Familie ausmalen. Marie, die Älteste, wird den schwer erkrankten Vater in einem Glückwunschbrief zum Namenstag an die längst verstorbene Mutter und die ebenfalls „in den Himmel vorangegangenen" Geschwister erinnern – „vier kleine Engel, die auch Dir gehören" – und mit dem Stoßseufzer enden: „Fünf in der ewigen Heimat und fünf noch in der Verbannung!"

Wenn man sich durch die ausufernde Legendenliteratur quält, die diese Familie – unter kräftiger Mitwirkung der Töchter – zu einem Kultobjekt gemacht hat – für beide Eltern läuft der Seligsprechungsprozeß –, dann möchte man fast froh sein, daß sich auch hier menschliche Schwächen und ganz normale Lebenslügen finden. Die Martins geben sich bedürfnislos, Zélie wiederholt in ihren belehrenden Briefen gern, daß „ständiger Wohlstand von Gott entfernt", aber sie geben sich kaum Rechenschaft darüber, daß sie selbst längst unverschämt reiche Leute sind und auf welche Weise sie ihr Vermögen angehäuft haben: Louis Martin wird 1894 bei seinem Tod 280 000 Goldfranken hinterlassen; ein Beamter verdiente zu jener Zeit um die 1000 Franken im Jahr, ein Pariser Handwerker 900 Franken.

Und ihre Gewinne haben die Martins großteils mit jenem eitlen Tand gemacht – Brautkleider für die Hautevolée der Hauptstadt, verschwenderisch gezierte Umhängetücher und kostbare Tischwäsche für den Provinzadel –, über den Zélie in ihren schrecklich moralischen Briefen regelmäßig herzieht: Sie spottet über die jungen Damen, denen der Frühjahrsball im Rathaus von Alençon den Kopf verdreht. „Stell Dir vor", schreibt sie ihrer Schwägerin, „manche von ihnen lassen für ihre Toilette Schneiderinnen aus Le Mans kommen, weil sie fürchten, die aus Alençon könnten ihr Geheimnis vor dem Tag der berühmten Veranstaltung ausplaudern. Ist das nicht lächerlich?"

Auf der anderen Seite nimmt die spontane Hilfsbereitschaft der Martins, die unkompliziert zupackende Art ihres Christentums für sie ein: Kaum verheiratet, nehmen sie einen fünfjährigen Jungen bei sich auf, dessen Vater gerade gestorben ist; die junge Witwe hat noch zehn weitere Kinder zu versorgen. Wenn eine von Zélies Heimarbeiterinnen krank ist, wird sie von ihr regelmäßig sonntags nach der Vesper besucht; fällt eine Hausgehilfin aus, so übernimmt Frau Martin persönlich ihre Pflege. Bei den Erstkommunionfeiern ihrer Töchter wird sie alter Sitte gemäß jeweils eine Mitschülerin aus armer Familie einladen und einkleiden.

Frömmigkeit mit dem Rechenschieber

Die aus dem Kloster Le Mans gelieferten Erziehungsratschläge – Zélie führt einen intensiven Briefwechsel mit ihrer Nonne gewordenen Schwester – sind keineswegs lebensfern; Schwester Dosithée möchte die Mädchen zwar „im Geist des Opfers" geschult wissen, aber sie warnt die skrupulöse Zélie, Überängstlichkeit schade einem jungen Menschen mehr als ein zu weites Gewissen.

Dennoch versteht man im Hause Martin – wie überall im kleinbürgerlichen französischen Katholizismus jener Jahre – unter religiöser Erziehung vor allem das Abschleifen störender individueller Kanten und das Brechen jeden Widerstandes. Die kleine Pauline erhebt plärrenden Protest, als ihr die Schwestern Marie und Léonie irgendwelche Spielsachen wegnehmen wollen. Gleich mahnt sie die Mutter mit sanfter Autorität: „Gib sie her, meine Kleine, das ist eine Perle für deine Krone!" Und sofort verstummt jeder Widerspruch.

Mit fortgeschrittenem Alter wetteifern die Martin-Kinder in „Tugendakten" und „Öpferchen": Für jede Überwindung, jedes gute Werk dürfen sie auf einem beweglichen Rosenkranz eine Perle nach vorn schieben oder eine Nuß in eine Schublade legen; am Abend wird gezählt und gelobt oder getadelt. Thérèse wird später als Klosterfrau einen erbitterten Krieg gegen diese Frömmigkeit von Krämerseelen führen; ihr weltberühmter „kleiner Weg" zu Gott ist nichts anderes als die Ersetzung solch ängstlicher Rechnerei durch unbefangenes Vertrauen und stürmische Liebe.

Ihre ältere Schwester Pauline wird freilich bis ans Lebensende nicht begreifen, wie man sich so souverän einfach in die Arme der göttlichen Barmherzigkeit werfen kann; sie verläßt sich lieber auf korrekte Abrechnungen. Zwei Jahrzehnte nach Thérèses Tod präsentiert sie im Seligsprechungsprozeß stolz ein vergilbtes Heft, das sie dem Schwesterchen einst zur Vorbereitung auf die Erstkommunion geschenkt hat und das für einen Zeitraum von drei Monaten exakt 818 „Opfer" und 2773 „Tugendakte" auflistet.

Thérèse jedenfalls hat diese Seelenqual ihrer Kinderjahre ebensowenig vergessen wie die gedanklichen Bocksprünge, zu denen die ständige ängstliche Selbstbeobachtung führen mußte: Eines Nachmittags hüpfte sie erhitzt vom Spielen zur Tür herein und rief der Schwester zu: „O Pauline, was bin ich durstig!" Die Ältere ergriff sogleich die Gelegenheit zum pädagogischen Wirken. „Wie wäre es", schlug sie dem armen Kind vor, „möchtest du nicht einen Sünder retten, indem du aufs Trinken verzichtest?" Für Thérèse war die merkwürdige Rechnung – Erlösung statt Limonade – völlig einleuchtend. Sie nickte gottergeben, machte dabei aber offenbar ein so langes Gesicht, daß die gerührte Pauline eine Weile später freiwillig ein Glas kühlen Getränks anbrachte. Womit sie das Schwesterchen in die schlimmsten Gewissensqualen stürzte: Wenn sie jetzt doch trinke, erläuterte Thérèse mit zwingender Logik, werde das der Sünder büßen müssen! Nein, entgegnete Pauline wie ein ausgefuchster Moraltheologe; „erst hast du ihm das Verdienst des Opfers geschenkt, jetzt kannst du ihm auch noch das des Gehorsams zuwenden".

Welche Selbstvorwürfe hat sich Thérèse gemacht, als sie mit zwölf Jahren leuchtendblaue Haarschleifen aus wunderschöner Seide geschenkt bekam und sich hocherfreut vor dem Spiegel drehte und wendete, ohne sofort an die Warnungen der Mutter vor „Üppigkeit" und „eitlem Wahn" zu denken!

Zum Glück ist es der unentwegten Gewissensdressur nicht gelungen, dem aufgeweckten Kind jeden unabhängigen Gedanken auszutreiben. In Thérèses Selbstbiographie ist ein aufschlußreicher Traum geschildert, den sie mit etwa vier Jahren hatte: Im Garten des Elternhauses sah sie zwei scheußlich aussehende Teufelchen auf einem Kalkfaß herumtanzen, und zwar „mit erstaunlicher Behendigkeit, trotz der Bügeleisen, die sie an den Füßen hatten". Doch kaum hatten die Höllengeister das entsetzt stehengebliebene Kind erblickt, sprangen sie, „noch weit erschrockener als ich", von dem Faß herunter und rannten zum nahen Waschhaus, um sich dort zu verstecken.

Thérèse: „Da ich sah, wie wenig tapfer sie waren, wollte ich wissen, was sie vorhatten, und näherte mich dem Fenster. Die armen Teufelchen waren da, liefen über die Tische und wußten nicht, was tun, um sich meinem Blick zu entziehen …"

Schwarze Dämonen, die vor einem Kind Reißaus nehmen: so ein Traum hätte in jedem aufklärerischen Lesebuch als Lektion gegen kindliche Gespensterangst stehen können!

„Petit Cherubim" mit dem Hüpfseil

Wie jedes Nesthäkchen hat es Thérèse leichter als die Geschwister und zugleich auch schwerer. Sie ist am 2. Januar 1873 zur Welt gekommen; Marie ist 1860 geboren, Pauline 1861, Léonie 1863, Céline 1869. Eine Thérèse hat es in der Familie Martin schon einmal gegeben; sie wurde im August 1870 geboren und starb bereits nach sechs Wochen. Kinder, die tote Geschwister „ersetzen" müssen, werden gern überbehütet und mit Erwartungen überfrachtet.

Die Mutter reagiert denn auch panisch, als das Baby eine ernste Darmkrankheit bekommt und der Arzt dringend zum Stillen rät, was die Mutter nach neun Geburten nicht mehr kann. „Thérèse wollte fast nichts trinken", schrieb sie damals ihrer Schwägerin, „alle ganz ernsten Anzeichen, die dem Tod meiner kleinen Engel voraufgingen, traten auf". Am nächsten Morgen läuft sie noch im Dunkeln zu einer bereits erprobten Amme in das Dörfchen Semallé: Rettung in letzter Stunde!

Weil Rose Taillé, eine robuste, herzensgute Bäuerin, gerade ihr eigenes 13 Monate altes Kind zu ernähren hat, wird Thérèse zu ihr aufs Land gebracht. Dort verlebt sie ein ganzes Jahr und gedeiht prächtig. Hoch oben auf einem Heuhaufen thronend, läßt sie sich von Rose auf einem Karren über die Felder kutschieren und strahlt dabei über das ganze pausbäckige Gesicht. Auf dem

Wochenmarkt in Alençon, wenn die Amme Butter und Eier verkauft, gibt es jedesmal ein fröhliches Wiedersehen mit der Familie, wenn sich das Kind auch den so fremd gekleideten Stadtmenschen gegenüber etwas ängstlich benimmt.

Als die kleine Landbewohnerin dann nach Alençon in den Schoß der Familie zurückkehrt, macht sie eine Erfahrung, die ihr ganzes kurzes Leben vergolden wird: geliebt und angenommen zu sein.

„Oh wahrlich, alles lächelte mir auf Erden zu ..." Die Geschwister verhätscheln das bezaubernde Geschöpfchen mit den schönen Augen und dem ungebärdigen hellen Haarschopf: Marie, die etwas Spröde, Nüchterne, die als Älteste viel Verantwortung übertragen bekommt und entsprechend autoritär mit den Jüngeren verfährt; Hausaufgaben, geistliche Übungen und Freizeit organisiert sie nach einem strengen Stundenplan, ohne auf nennenswerten Widerstand zu stoßen – im harmonischen Familienreich der Martins wäre das schwer denkbar. Pauline, impulsiv und ängstlich wie die Mutter, kontaktfreudig und etwas schwärmerisch. Léonie, schwerfälliger und weniger anpassungsfähig als die anderen, ohne deren einschmeichelnden Charme, kantig, bäuerisch, von Mutter und Dienstmädchen zum Problemkind gestempelt, obwohl sie in ihrer ungeschickten Art vielleicht die Aufrichtigste von allen ist. (Als einzige Martin-Tochter wird sie nicht in den Karmel von Lisieux eintreten, vom hier versammelten Familienclan ausgeschlossen bleiben und später, nach einigen Anläufen, Salesianerin in Caen werden. Fachleute meinen, daß keine der Schwestern Martin Thérèses „kleinen Weg" so gut verstanden und so überzeugend gelebt hat wie Léonie, das schwarze Schaf der Sippe.) Und schließlich Céline, die Thérèse nur vier Jahre voraus hat – Marie ist dreizehn Jahre, Pauline elfeinhalb, Léonie zehn Jahre älter – und ihr kaum von der Seite weicht, nicht so sanft wie Marie und Pauline, mit ungebärdigen Anwandlungen eines Feuerkopfs. Hätte sie sich als junges Mädchen nicht aus moralischen Bedenken geweigert, ihr zeichnerisches Talent in Paris ausbilden zu lassen – „ich wollte meine Unschuld nicht in den Ateliers aufs Spiel setzen" –, wäre vielleicht eine Künstlerin der Avantgarde aus ihr geworden.

Das unter lauter Frauen aufwachsende Nesthäkchen entwickelt sich erstaunlich normal. Thérèse gebärdet sich eigensinnig, stur, wild, manchmal schrecklich empfindlich. „Wenn sie nein sagt, kann nichts sie zum Nachgeben bringen", stöhnt die Mutter. „Sperrte man sie einen Tag lang in den Keller, sie schliefe lieber dort, als ja zu sagen!" Wenn etwas nicht nach ihrem Willen geht, kann es geschehen, daß sie sich kreischend vor Wut auf dem Boden wälzt. Aber dann versöhnt sie alle gleich wieder mit ihrem lieben Lächeln und ihrer Fähigkeit, aufrichtig um Verzeihung zu bitten. Einer Puppe, die sie verärgert kaputt gemacht hat, weil sie nicht schnell genug gelaufen ist, bereitet sie ein unvergeßlich schönes Begräbnis.

„Sie lacht und ist lustig vom Morgen bis zum Abend", bescheinigt man dem *petit Cherubim* (kleiner Engel) der Familie, und der Vater nennt sie zärtlich sein „Wieselchen". Auf einem ihrer ältesten Fotografien grinst die achtjährige Thérèse mit aufgeregt zusammengebissenen Zähnen in die Kamera, als wollte sie jeden Moment wieder zum Spielen davonrennen, in der Hand das Hüpfseil, das sie innig geliebt und nur losgelassen hat, um mit ihrem Wachtelhund Tom herumzutollen.

Dabei achtet sie jedoch sehr wach auf alles, was um sie herum vorgeht. Ihr scharfer Verstand kommt ihr beim Bestreben zustatten, die älteren Schwestern einzuholen. „Ich glaube, Theresia will eine Gelehrte werden", amüsiert sich Marie in einem Brief an ihre Tante, „denn seit drei Tagen verfolgt sie mich pausenlos, damit ich ihr das Lesen beibringe". Thérèse ist zu diesem Zeitpunkt noch nicht ganz drei Jahre alt. Tatsächlich lernt sie das ABC in einem einzigen Tag – und gibt frühe Proben geistiger Unabhängigkeit, wenn sie etwa für den Apfel, der in der französischen Sprache weiblichen Geschlechts ist, hartnäckig den männlichen Artikel (*le pomme*) verwendet. Ist so ein Apfel nicht fester und kompakter und schmeckt er nicht saurer als die verführerisch gerundete, süße Birne?

Normal dürfte bei einem kleinen Mädchen aus diesem Milieu auch die Leidenschaft für die Kirche sein: Als man eines Sonntags vergißt, sie am Ende des nachmittäglichen Spaziergangs in die Vesper zu führen, fängt sie laut zu brüllen an und läuft bei strömendem Regen zur Kirche. Für den Maialtar zu Hause pflückt sie andächtig die schönsten Gänseblümchen und Feldblumen und erinnert sich Jahre später in einem Gedicht an das Gebet vor dieser Statue, die „Jungfrau vom Lächeln" genannt wurde:

„Und meine Seele verging vor Glück,
Als sich die Himmel
In meinen Augen widerspiegelten."

Eine Fastenpredigt, in der viel von ruchlosen Sündern und Gottes Rache die Rede war, fand sie dagegen „schön, aber trotzdem zu lang".

„Ich will keine halbe Heilige sein"

Thérèse selbst charakterisiert ihre Kindheit in ihrer Autobiographie mit folgender Episode: „Eines Tages kam Léonie, die sich schon für allzu groß hielt, um noch mit Puppen zu spielen, zu uns beiden, sie brachte einen Korb voll Puppenkleider und hübscher Stoffreste, um deren andere anzufertigen; oben drauf lag ihre Puppe. ‚Hier habt ihr, meine Schwesterchen', sagte sie, ‚wählt euch aus, ich schenke euch das alles.' Céline streckte die Hand aus und nahm ein Päckchen Bänder, das ihr gefiel. Ich dachte einen Augenblick nach, streckte meinerseits die Hand aus und erklärte: ‚Ich wähle alles!' und nahm den Korb ohne weitere Umstände an mich."

Die Schwestern hätten die Sache ganz in Ordnung

gefunden, erinnert sie sich; Thérèses besitzergreifende Raffinesse überraschte offenbar niemanden mehr. „Dieser kleine Zug meiner Kindheit ist der Inbegriff meines ganzen Lebens", stellt sie fest. Denn auch später, als es nicht mehr um Puppenkleider ging, sondern um den Himmel, um die vollkommene Liebe und um die Läuterung der Seele durch Leiden, habe sie denselben Entschluß getroffen: „Mein Gott, ‚ich wähle alles'. Ich will keine halbe Heilige sein …"

Auch eine Heilige kann nicht alle Menschen gleich stark lieben. Thérèses Beziehung zu ihrer Mutter scheint nicht die allerherzlichste gewesen zu sein. Vielleicht mußte sie ein wenig auf Distanz zu dieser gleichzeitig fröhlich-lebenspraktischen und ängstlich-weltflüchtigen, auf jeden Fall aber ungemein dominanten Frau gehen, um seelisch zu überleben. Verräterisch manche amüsierte Schilderung in Zélies Briefen! Der quirlige „Kobold" habe sie zärtlich geliebkost und dabei geflüstert: „Oh, ich möchte so gern, daß du stirbst, meine arme kleine Mama!" Auf ihren entsetzten Tadel bekam Zélie die hintergründige Antwort: „Aber doch nur deshalb, damit du in den Himmel kommst; du sagst doch, daß man sterben muß, um dorthin zu kommen!" Keine leichte Sache, in einer Familie aufzuwachsen, in der man dauernd von den Freuden des Jenseits schwärmt und eine etwas morbide Lust an der Hinfälligkeit alles Irdischen pflegt. Man erinnere sich an Maries sehnsüchtigen Vergleich zwischen den lebenden und verstorbenen Familienmitgliedern: „Fünf in der ewigen Heimat und fünf noch in der Verbannung!"

Um so besessener hängt das „Wieselchen" an seinem Vater, der die banalen Vergnügungen der Welt zwar genausowenig schätzt wie seine Frau, ihnen aber vermutlich mit mehr Ruhe und milder Gelassenheit begegnet. Thérèses Liebe zum „Patriarchen" ist impulsiv und stürmisch, zärtlich und respektvoll, eifersüchtig und fordernd. Er nennt sie seine „kleine Königin" (*la petite Reine*), und sie revanchiert sich mit der Anrede „mein König". Lieber als sich mit ihrem Spielzeug zu beschäftigen, begleitet sie den Vater zum Angeln, hüpft im Garten um ihn herum, pflückt ihm die farbenprächtigsten Blumensträuße, braut wie eine erfinderische Kräuterhexe seltsame Tees aus Baumrinden und Körnern, die sie ihm in ihrem Puppengeschirr kredenzt.

In Alençon und später in Lisieux sind sie eine stadtbekannte Erscheinung, der weißhaarige Herr mit den guten Augen und der kerzengeraden Statur und das springlebendige Mädchen, das mit seinem tadellosen hohen Wuchs, der hellen, reinen Haut und den wohlgeformten Händen eine Schönheit zu werden verspricht: Grünblaue Augen wie aus Stahl. Fein geschnittene, wenn auch etwas unregelmäßige Gesichtszüge unter dem „luftigen Haarschopf", wie es ein Bewunderer ausgedrückt hat. Nicht einmal das breite Kinn stört, das ihre Schwester Céline später auf allen Fotos wegretuschiert hat, es gibt dem kindlichen Gesicht einen energischen Zug.

In der Kirche schaut Thérèse mehr auf Papa als auf den Pfarrer; „sein schönes Antlitz sagte mir soviel!" Wenn er ernsthafte Gespräche mit ihr führt, hängt sie gebannt an seinen Lippen. Er solle das alles nur der Regierung erzählen, empfiehlt sie ihm, dann werde man ihn ganz bestimmt zum König machen, und Frankreich werde glücklich sein wie nie zuvor. „Doch im Grunde war ich froh (und warf mir dies als eigensüchtigen Gedanken vor), daß nur ich Papa gut kannte; denn wäre er König von Frankreich ... geworden, so wäre er sicher unglücklich gewesen, da dies das Los aller Herrscher ist, und vor allem wäre er nicht mehr mein König gewesen für mich ganz allein!"

Auch wohlmeinende Biographen haben diese Vater-Tochter-Beziehung in die Nähe eines Ödipus-Komplexes gerückt. Doch für Thérèse und all jene, die für ihren Glauben von ihr gelernt haben, war sie zweifellos ein Glücksfall, denn nach dem Muster dieses von grenzenlosem Vertrauen und unbändiger Liebe bestimmten Verhältnisses zum Vater entwickelt Thérèse ihr Gottesbild. Weil sie den irdischen Vater nie zu fürchten, zu hassen oder – was das Schlimmste gewesen wäre – zu verachten hatte, bleibt auch ihre Vorstellung vom Vater im Himmel frei von Angst und Schuldgefühlen.

2

Der goldene Käfig:
„Das Leben ist nur Leid
und Trennung"

„Wach auf! Warum schläfst du, Herr?
Warum verbirgst du dein Gesicht?"

Psalm 44

Schmerzen und Schwellungen an der Brust hat Zélie
Martin schon seit einem guten Jahrzehnt. Im August
1876 nehmen die Beschwerden massiv zu, der Arzt stellt
einen bereits stark entwickelten Tumor fest, und Zélie
schreibt ihren Verwandten, stoisch wie immer: „Der liebe
Gott will, daß ich mich anderswo als auf Erden ausruhe."

Als die Mutter ein Jahr später stirbt, mit 47, ist Thérèse
vier Jahre alt – und registriert diesen Tod eher nüchtern:
„Ich entsinne mich nicht, viel geweint zu haben, ich
sprach mit niemand von den tiefen Gefühlen, die ich
empfand ... Stumm schaute und hörte ich zu."

Zum Witwer geworden, vergräbt sich der Vater noch
mehr; Zélies Bruder Isidore Guérin, Apotheker in Lisieux,
übernimmt die Führungsrolle in der Familie. Er ist aus
demselben Holz geschnitzt wie seine Schwester, ein
Macher und Organisator, erfolgreich, effektiv, realistisch.
Er läßt sich zum Mitvormund der fünf Martin-Töchter
einsetzen und beschließt, die Familie zu sich nach Lisieux
zu holen. Louis Martins schwacher Widerspruch – er
hängt an Alençon, seinem Turm, seinen Fischwässern –
wird überhört.

Der tatkräftige Isidore macht sich auf die Suche nach

32

einem ruhigen Haus mit großem Garten, wie es sich Zélie für ihre Kinder gewünscht hat. Zwölf Tage nach ihrem Tod hat er 25 leerstehende Gebäude besichtigt und ein geeignetes Mietobjekt gefunden, eine schmucke Villa in fast ländlicher Umgebung, dennoch nicht weit von seiner Apotheke gelegen. Die Mädchen sind begeistert, sofort erfinden sie für ihre neue Wohngegend und das Haus einen romantischen Namen: *Les Buissonnets,* was soviel heißt wie „das kleine Gebüsch". Der Vater fügt sich in sein Schicksal, er richtet sich im Dachgeschoß – von den Kindern wegen der herrlichen Aussicht *Belvedere* genannt – wieder eine Eremitenzelle ein und widmet sich von da an nur mehr seinen Liebhabereien.

Lisieux Ende des 19. Jahrhunderts: eine sterbende Industriestadt. Leinwandfabriken, Gerbereien, Schnapsbrennereien, dazwischen die pittoresken Fachwerkhäuser des normannischen Mittelalters.

Markttreiben und Militärparaden geben Lisieux den Anschein pulsierenden Lebens, aber die Auftragslage für die Textilindustrie ist schlecht, und von den 18 600 Einwohnern rutschen immer mehr in Arbeitslosigkeit und Alkoholismus ab. In der Arbeiterschaft gärt es dermaßen, daß die Regierung eine Garnison nach Lisieux verlegt. In Thérèses Geburtsjahr berichtet ihre Mutter Zélie, die fleißige Briefschreiberin, ganz entsetzt von einem unappetitlichen Vorfall: Ein „schlecht gekleideter Mann" hat einer vornehmen, in einer Kutsche sitzenden Dame offenbar aus spontaner Wut die Frösche, die er gefangen hatte und eigentlich verkaufen wollte, in den Schoß geschüttet. Ganz ungerührt habe der Kerl die Qual der von den herumzappelnden Tieren bedrängten Frau betrachtet. Zélie: „Man hat ihn ins Kittchen gebracht, er hatte es verdient!"

Unzufrieden sind aber auch die praktizierenden Katholiken: Gegen die stramm antireligiöse Haltung der Kommunalpolitik wehren sie sich mit demonstrativen Glaubenskundgebungen.

1870 ist das durch Industrialisierung und Zentralismus charakterisierte Zweite Kaiserreich in Frankreich zu Ende gegangen, 1875 setzen sich in der Dritten Republik das industrielle Großbürgertum und der aufsteigende Mittelstand endgültig gegen die monarchistischen Kräfte durch. Der verlorene Krieg gegen Deutschland 1870/71 hat freilich die Sehnsucht nach Wiederherstellung der einstigen nationalen *gloire* kräftig erstarken lassen.

Zélie Martin hat den Einmarsch der Preußen – „Unheimlich, ihre Bataillone mit den schwarzen Fahnen und dem Totenkopf auf ihren Helmen zu sehen" – in Alençon miterlebt, dann die Einquartierung der feindlichen Regimenter – „Die Soldaten, die wir haben, sind weder böse noch Plünderer, aber beim Essen gierig, wie ich es noch nie erlebt habe: sie essen alles ohne Brot!" – und auch die Rückkehr der geschlagenen französischen Truppen: „Es war ein Jammer, unsere armen Soldaten zurückkommen zu sehen, die einen ohne Füße, die anderen ohne Hände, ich sah einige, deren Gesicht blutüberströmt war ... Wie kommt es, daß niemand diesen Krieg als Strafe erkennt?"

Jeanne d' Arc aus Lothringen – von den Deutschen besetzt – wird zum Idol eines gedemütigten Volkes, und zwar über alle politischen und weltanschaulichen Grenzlinien hinweg: Die Katholiken errichten ihr – die noch nicht heiliggesprochen ist – Statuen und zitieren sie als Paradebeispiel dafür, daß der wahre Patriotismus aus dem Glauben erwächst. Die republikanischen Freigeister wollen den 8. Mai, an dem Jeanne Orléans befreit hat, zum Nationalfeiertag machen und verweisen boshaft darauf, daß es Kirchenbehörden waren, die das Heldenmädchen auf den Scheiterhaufen schickten.

Thérèse wird später im Karmel Jeannes Leben zum Stoff zweier reichlich pathetischer Bühnendramen machen und noch 1895 den Umschlag des Schulheftes, in das sie ihre Autobiographie schreibt, mit dem frommen

Wunsch schmük-ken: „Es lebe der Gott der Franken!" Das kritzelt sie jedenfalls auf die Trikolore, die ein hier abgebildeter Infanterist mit drohend erhobenem Säbel seinen einen Hügel erstürmenden Kameraden voranträgt. Da sich in Thérèses hinterlassenen Briefen und Schriften ansonsten keine einzige chauvinistische Äußerung findet, ist es freilich möglich, daß der Ausruf rein spirituell gemeint ist – „Herz Jesu, rette Frankreich!" singen die Katholiken auf ihren Massenversammlungen – oder gar ironisch, als Kritik an religiös bemäntelten Träumen von Krieg und Rache.

Adel und Besitzbürgertum beten vor allem darum, daß Gott sie vor einer neuen Revolution beschützen soll. Das Weltbild der Traditionskatholiken ist einfach gestrickt: Preußen und Protestanten, Freimaurer und Juden, liberale Aufklärer und frühe Sozialisten, Asoziale und Arbeitsscheue gehören zu den „Gottlosen", vor denen man sich hüten muß. Patriotismus und Familiensinn, Respekt vor Eigentum und Polizei, Treue zu Rom und Gehorsam gegenüber den Autoritäten sind die Werke, die Gott wohlgefällig sind. So steht es in *La Croix*, der von Louis Martin abonnierten Zeitung: Die Feinde des Vaterlandes und der Religion seien dieselben; eine von Atheisten geführte Regierung könne nur im revolutionären Umsturz enden; und: „Der Jude, das ist der Feind, so lautet der christliche Ruf seit Golgotha bis in unsere Tage!" (*La Croix* im August 1882). Es gibt nur wenige Querdenker, die aus dieser Phalanx ausscheren und vorwärtsschauen, etwa der Abbé Garnier in Caen, der es für wichtiger hält, „auf die dringendsten Bedürfnisse der Arbeiterklasse einzugehen", als zum Kreuzzug gegen Andersgläubige zu blasen.

Die französischen Katholiken leiden an einem doppelten Trauma: an der militärischen Niederlage und am Verlust des Kirchenstaates. Überall Feinde, der Papst ein „Gefangener im Vatikan!" Und die ganz realen Erfahrungen mit revolutionären Kirchenverfolgern sind ja nicht vergessen: Zélies Vater, im Jahr der Großen Revolution 1789 geboren, pflegte lebhaft von den heimlichen Messen hinter verriegelten Wohnungstüren oder auf Dachböden zu erzählen. Sein Onkel, ein Abbé, versteckte sich einst vor plündernden Soldaten in einem Backtrog, und Zélies Bruder Isidore rettete ihm vermutlich das Leben, weil er sich auf den Deckel setzte, seine sämtlichen Spielsachen neben sich ausbreitete und die Soldateska, die das ganze Haus auf den Kopf stellte, fröhlich ankrähte.

Verständlich, daß man sich nun erst recht in einer neurotischen Verteidigungshaltung einigelt. Die verschreckten Gläubigen kümmern sich mehr um schöne Marienandachten als um die sozialen Probleme in den Arbeitervierteln, organisieren Wallfahrten nach Lourdes, wo Bernadette Soubirous 1858 eine charmant lächelnde, sehr damenhafte Madonna gesehen hat, und schicken Treuebekundungen an den „Papstkönig" nach Rom – unbekümmert darum, daß der politisch weitherzige und kulturell überaus aufgeschlossene Leo XIII. 1892 per Enzyklika die Katholiken Frankreichs aufgefordert hat, für die Gestaltung der ungeliebten Republik Mitverantwortung zu übernehmen.

Von diesen politischen Auseinandersetzungen bekommt die kleine Thérèse in ihrem behaglichen Familienkäfig genausowenig mit wie von Glanz und nervöser Unruhe der *Belle Epoque*, von den Malern Delacroix und Toulouse-Lautrec und dem Musiker Jacques Offenbach, von Baudelaire und Rimbaud, Mallarmé und Madame George Sand, von den großen Romanciers und dem flirrenden Pariser Theaterbetrieb, von der explodierenden künstlerischen Kreativität, zu der sich die geschlagene Nation aus der Niederlage emporbäumt. Man hat ausgerechnet, daß zu dieser Zeit in Frankreich jedes Jahr etwa 200 Romane und ebensoviele Bühnenstücke auf den Markt kamen.

Gesellschaft, Politik, Kultur – für Thérèse sind das höchstens die erregten Vorträge, die Onkel Isidore im

Familienkreis hält. Seit Isidore Guérin ein stattliches Vermögen geerbt und seine Apotheke aufgegeben hat, gehört seine ganze Leidenschaft der Politik. Er ist in frommen Vereinen und monarchistischen Zirkeln aktiv, er betätigt sich als großzügiger Mäzen des Karmel und finanziert die stockkonservative Zeitung *Le Normand*, in der er regelmäßig selbst schreibt. Er geifert gegen Gewerkschafter, Freimaurer und Juden; der jüdische Einfluß auf Verwaltung und Regierung sei „verhängnisvoller als die preußische Invasion", schreibt er im *Normand*. Sein Christentum ist militant und unbarmherzig, aber vielleicht verkörpert er in seiner herrischen, unduldsamen Art etwas, was Thérèse – bei aller schwärmerischen Zuneigung – an ihrem weltfremden Vater vermißt.

Eine kleine Mimose träumt von der Wüste

In den ersten Jahren nach dem Tod der Mutter lebt Thérèse in einer fast vollständigen Isolation mit dem Vater, den beiden Schwestern Marie und Pauline – Léonie und Céline befinden sich als Pensionatsschülerinnen in der Obhut der Benediktinerinnen von Lisieux, wo zuvor auch schon Marie und Pauline ihre Schuljahre absolviert haben –, ihren Vögeln und Kaninchen und dem treuen Hund Tom. Manchmal kommt die Familie Guérin zu Besuch. Bei Spaziergängen ist immer der Vater dabei, Freundinnen hat sie nicht, geschweige denn kleine Jungen als Spielgefährten.

Aber das macht scheinbar nichts, denn an den üblichen Kinderspielen mit Puppen, Stofftieren und Bällen hat dieses merkwürdige Mädchen kein Interesse. Lieber vergräbt sich Thérèse in ihre Bücherwelt: fromme Geschichten mit dick aufgetragener Moral, erbauliche Romane, belehrende Jugendzeitschriften, wie das damals im Bürgertum Sitte war. Lesen und Schreiben hat ihr die zwölf Jahre ältere Pauline beigebracht, die sie sich am Begräbnistag der Mama zur Ersatzmutter gewählt hat.

Ihre *petite mère* (kleine Mutter) liebt das Nesthäkchen innig und bemüht sich doch um Strenge; aus dem im Betteln und Schmeicheln schon ziemlich erfahrenen Kind soll kein verzogener Fratz werden. Wenn sich das Dienstmädchen über Thérèse beschwert, bekommt das Schwesterchen ohne nähere Untersuchung unrecht und muß sich entschuldigen. Abends wird Thérèse in entlegene finstere Winkel des Hauses geschickt, um irgendwelche Gegenstände zu holen, weil sie sich die typische Angst fantasiebegabter Kinder vor der Dunkelheit abgewöhnen soll.

Bringt sie als Paulines Privatschülerin keine guten Leistungen, so wird der Nachmittagsspaziergang mit dem Vater gestrichen – und selbstverständlich akzeptiert auch der weißbärtige „Patriarch" Paulines pädagogische Autorität.

Der kleine Wildfang wird stiller und scheuer, nimmt die Züge einer Mimose an. In ihrer Autobiographie gesteht Thérèse, „daß seit Mamas Tod meine glückliche Art sich völlig veränderte; ich, die ich so lebhaft, so mitteilsam war, wurde schüchtern und sanft, über die Maßen empfindlich. Ein Blick genügte, und ich zerfloß in Tränen; niemand durfte sich um mich kümmern, dann war ich zufrieden; ich konnte den Umgang mit fremden Leuten nicht ertragen, und nur im trauten Familienkreis gewann ich meinen Frohsinn zurück … Und doch wurde ich weiterhin mit schonendster Zärtlichkeit umhegt."

Sogar die für jede rührselige Heiligengeschichte empfängliche und ständig von Opfern und Entsagungen predigende Pauline erschrickt, als ihr das vielleicht sechsjährige Kind anvertraut, am liebsten wolle es Einsiedlerin werden und mit der großen Schwester in eine ferne Wüste ziehen.

Schulstunden voller Schrecken

Für so ein eigenbrötlerisches, ganz auf die intime Atmosphäre der Familie fixiertes Mädchen muß es ein Schock gewesen sein, sich plötzlich innerhalb einer Schulklasse behaupten zu müssen: Mit achteinhalb Jahren wird sie als „Halbpensionatsschülerin" zu den Benediktinerinnen geschickt. Von einem Tag zum andern verliert sie ihre bevorzugte Rolle als Mittelpunkt einer liebevollen Familie und „kleine Königin" eines in sie vernarrten Vaters – um sich wieder einmal als Nesthäkchen wiederzufinden, denn sie kommt in die vierte Klasse zu erheblich älteren Mitschülerinnen, manche sind zwölf oder dreizehn Jahre alt. Doch hier wird sie nicht verhätschelt und gefördert, sondern mit Eifersucht und aggressiver Ablehnung verfolgt.

Denn sie hat nicht gelernt, ihre Intelligenz und schnelle Auffassungsgabe diplomatisch zu verbergen, sie gilt schnell als Streberin, die sich mit ihrem Eifer und ihrem naiv frommen Gehabe bei den Ordensfrauen lieb Kind machen will – obwohl die vom Schuldienst zermürbten älteren Nonnen gar nicht begeistert sind über diese schüchterne Mimose, die dauernd unmotiviert heult und Schwierigkeiten hat, sich in die Klassengemeinschaft einzufügen. Statt in den Pausen auf dem Hof herumzutoben, erfindet sie lieber fantastische Fortsetzungsgeschichten – und schafft sich damit sogar eine interessierte Zuhörergemeinde, aber die Lehrerinnen scheuchen die Mädchen auseinander, sie sollen munter herumspringen und nicht Reden halten! – und legt einen Friedhof für die unter den Bäumen gefundenen kleinen Vögelchen an, mit Blumen und Miniaturbäumchen.

Sie stellt sich schrecklich ungeschickt an – nicht mal selber kämmen kann sie sich, das hat zu Hause doch immer ihre Schwester Marie besorgt – und gibt manchmal so merkwürdig altkluge Antworten. Eine Lehrerin fragt sie, was sie an den freien Nachmittagen zu Hause treibe. „Ich denke, Ehrwürdige Frau", weicht sie aus. Aha, eine Philosophin! „An was denkst du denn?" will die Nonne amüsiert wissen. „Ich denke an den lieben Gott, an das Leben, an die Ewigkeit, ich denke eben!" erwidert Thérèse etwas unwillig – und wird kräftig ausgelacht.

Geschichte, Erdkunde, den Religionsunterricht liebt sie, mit Rechtschreibung und Rechnen hat sie mitunter Probleme. Abbé Louis-Victor Domin, der Religionslehrer, nennt das aufgeweckte Mädchen wegen seiner Vorliebe für tiefschürfende Fragen respektvoll, vielleicht auch genervt „meine kleine Kirchenlehrerin" – und wundert sich über die ersten Kostproben ihres kritischen, unabhängigen Denkens: Entschlossen verwirft sie die herrschende Meinung – ein Dogma ist es nie gewesen! –, Kinder, die ohne Taufe sterben, könnten nicht in den Himmel kommen. Thérèses logische Begabung sträubt sich ebenso dagegen wie ihr Gerechtigkeitssinn: Wie kann der Himmel jemandem verschlossen sein, der nie Gelegenheit zur Sünde hatte?

Kaum ist die seelische Tortur der Schulstunden zu Ende, rennt Thérèse nach Hause, wo der Schoß der Familie Geborgenheit verspricht. Die symbiotische Bindung an den Vater und an Pauline nimmt unter diesen Bedingungen noch zu. Nach dem Abendessen sitzen alle im traulichen Schein einer Petroleumlampe beisammen, man spielt „Dame" miteinander, der Vater liest aus einem Roman oder Gedichtband vor und singt schwermütige Lieder, gibt aber auch Zauberkunststücke zum besten, betätigt sich als geschickter Jongleur oder macht eine komplette Militärparade mit Trompetengeschmetter und Trommelwirbel nach.

Klagen über die in der Schule erlebten Zurücksetzungen und Aggressionen hört man von Thérèse nicht, sie wird immer schweigsamer, und der Vater erfährt nie, daß sie eifersüchtige Mitschülerinnen sogar für die schönen Locken piesacken, mit denen sie ihrem „König" eine Freude machen will – ohne zu bedenken, daß niemand sonst so herausgeputzt in die Schule kommt.

Wozu auch über irdische Bedrängnisse jammern; die ganze Familie ergeht sich schließlich in Träumen vom besseren Jenseits! Noch als Karmelitin wird sie ihrem „geliebten Schwesterlein" Céline voller Vorfreude schreiben: „Bald werden die Schatten zerstreut sein, bald werden den rauhen Winterfrösten die Strahlen der ewigen Sonne folgen …, bald sind wir in unserem Vaterland – bald sind uns die Freuden unserer Kindheit, unsere Sonntagabende, unsere innigen Herzensergießungen wiedergeschenkt – auf immer!"

Doch auch ohne Klostermauern hat die kleine Thérèse eine selbstgerecht-naive Distanz zu den irdischen Freuden zelebriert. Die Zehnjährige, gerade von einer schweren Krankheit genesen, wird vom Vater auf eine Reise zu Verwandten und Bekannten mitgenommen, verwöhnt und mit harmlosen Landpartien unterhalten – und kann nicht anders darauf reagieren als im Stil einer mißgünstigen alten Jungfer: „Da fing ich an, die Welt kennenzulernen … Wie wahr ist das Wort der ewigen Weisheit: ‚Der Zauber der Eitelkeiten verdunkelt das Gute und verkehrt selbst arglosen Sinn!' … Wie wenig denkt die Welt an den Tod!"

Zwei verlorene Mütter und ein Lächeln vom Himmel

Das Trauma des frühen Sterbens ihrer Mutter ist noch nicht ganz verheilt, da erlebt die übersensible, von den Anforderungen der Schule verunsicherte Neunjährige einen neuen Verlust: Pauline, die Ersatzmutter, tritt in den Karmel ein, und sie sagt es ihr nicht einmal, sondern Thérèse hört zufällig ein Gespräch zwischen Pauline und Marie mit. Damals, als ihr das Kind den Wunsch anvertraut hatte, mit ihr in die Wüste zu gehen, hatte Pauline halb im Spaß geantwortet, o ja, Einsiedlerin wolle auch sie werden, aber sie werde damit warten, bis das Schwesterchen groß genug sei.

Thérèse hatte das schnell dahingesagte Versprechen ernstgenommen, sich an die gemeinsame Zukunft geklammert, wenn ihr die Schule unerträglich wurde und sie sich unter all den Mädchen schrecklich einsam fühlte. Und nun dieser Verrat! Jahre später, als sie ihre Autobiographie schreibt, bricht es aus ihr heraus:

„Ich wußte nicht, was der Karmel war, aber ich begriff, daß Pauline mich verlassen wollte, um in ein Kloster einzutreten. Ich begriff, daß sie nicht auf mich warten würde, und daß ich im Begriff war, meine zweite Mutter zu verlieren! ... In einem Augenblick begriff ich, was das Leben ist, bis dahin war es mir nicht so traurig erschienen, aber es zeigte sich mir in seiner ganzen Wirklichkeit, ich sah, daß es nur Leid ist und beständige Trennung."

Zwecklos, daß ihr *petite mère*, Mütterchen Pauline, ihre Motive geduldig erklärt. Nutzlos auch der verzweifelte Entschluß, der Schwester so bald als möglich in den Karmel nachzufolgen; Thérèse – „mir schien, der Karmel sei die Wüste, wo der liebe Gott wollte, daß auch ich mich verberge" – schildert die plötzliche Idee zwar als echte Beru-fung – „ich wollte in den Karmel nicht um Paulines willen, sondern für Jesus allein" –, doch anfangs wird ihr der Karmel schlicht als der einzige Weg erschienen sein, die Ersatzmutter zu behalten. Tatsächlich gelingt es dem eigensinnigen Kind, unter vier Augen mit Paulines Priorin zu sprechen und sie zu beeindrucken: Gewiß sei sie zum Ordensleben berufen, bestätigt ihr Mutter Marie de Gonzague und denkt sogar schon laut über einen Ordensnamen nach, den die Neunjährige tragen könnte: Teresita von Jesus – so hat eine Nichte der großen heiligen Teresa von Ávila geheißen, die auch schon blutjung ins Kloster eingetreten ist.

Zunächst einmal muß sie aber damit leben, daß Pauline nicht mehr da ist. Die wöchentlichen Familienbesuche im Karmel werden zur Qual; sie ähneln einer Visite im Gefängnis, mit Pauline kann man nur durch ein kleines Gitter sprechen, eine fremde Nonne ist als Aufsichtsperson dabei, und dann beanspruchen natürlich Papa und die großen Schwestern den Löwenanteil der halben Stunde Sprechzeit, und für Thérèse bleiben nur ein paar Minuten am Schluß: „Selbstverständlich verbrachte ich sie mit Weinen und ging mit zerrissenem Herzen fort ... Pauline ist für mich verloren!!!"

Thérèse reagiert auf die Verlusterfahrung mit einem kompletten körperlichen Zusammenbruch: Weinkrämpfe, Schüttelfrost, ständige Kopfschmerzen, Halluzinationen, Ohnmachtsanfälle und explosive Ausbrüche von erschreckender Wucht. „Sie hatte Schreckgesichte", erzählt Marie, „die allen, die ihre Verzweiflungsschreie anhören mußten, das Blut vereisen ließen. Ein paar Nägel an der Wand erschienen ihr plötzlich wie dicke verkohlte Finger, und sie brüllte: ‚Ich fürcht' mich, ich fürcht' mich!'"

„Veitstanz" diagnostiziert der Arzt, ein Nervenleiden, das bei Kindern mit einer labilen Seele gar nicht so selten vorkommt. Doch seine Wasserkuren und Beruhigungstropfen helfen nicht; „sie wollen mich vergiften!" schreit das Kind in Todesangst. Es erkennt seinen Vater und die Schwestern nicht mehr, es sieht überall gräßliche Monster; jetzt, da auch die zweite „Mutter" verloren ist, gibt es keinen Schutz mehr auf der Welt und nicht einmal im Raum der Familie Geborgenheit.

Bis eines Tages, auf dem Höhepunkt eines dieser irren Fieberanfälle, ihre Augen auf der Madonnenstatue im Krankenzimmer haften bleiben – und wahrnehmen, wie Maria ihr zulächelt! Thérèse: „Plötzlich erschien mir die Muttergottes schön, so schön, daß ich nie Schöneres gesehen hatte, ihr Antlitz atmete unaussprechliche Güte und Zärtlichkeit; was mir aber bis ins Innerste der Seele drang, das war das bezaubernde Lächeln der seligsten Jungfrau. Da zerstoben alle meine Leiden ..."

Was die Legendenschreiber als „Heilungswunder" feiern, ist zum einen wohl ein ziemlich normaler psychischer Vorgang gewesen – „Daß ein fieberkrankes Kind in seinem Delirium die allerseligste Jungfrau lächeln sieht, ist kein übernatürliches Ereignis", stellte schon Walter Nigg fest – und zum andern die geniale Methode eines ebenso intelligenten wie glaubensstarken Kindes, mit seiner seelischen Krise fertigzuwerden: Für die zwei auf schmerzliche Weise verlorenen Mütter wählt es sich sozusagen eine mit Garantie, eine himmlische Mutter, die ihm niemand mehr wegnehmen oder streitig machen kann.

Nicht die plötzliche Genesung sei wichtig, meint Walter Nigg – der protestantische Heiligenchronist, der sich in die urkatholische Thérèse verlieben mußte –, sondern das Lächeln der Madonna. Thérèses erstes großes religiöses Gefühl sei kein niederschmetterndes Sündenbewußtsein gewesen oder Blitz und Donner vom Himmel, sondern ein Lächeln. „Bei Thérèse", schreibt Nigg, „tat sich das Göttliche auf eine unaussprechlich milde Art kund, als etwas Sonnenhaft-Gütiges, das kaum in Worte zu fassen ist. Wie schön, wie unsagbar schön, daß sie das Christliche als eine himmlische Freundlichkeit erlebte, und zwar gerade beim erstenmal, da es sie besuchte."

Einsiedlerin im goldenen Käfig

Die Begegnung mit der lächelnden neuen Mutter vom Himmel bedeutet nicht, daß Thérèse von einem Augenblick zum andern keine Probleme mehr gehabt hätte. Wir hören weiter von Migräneanfällen, plötzlichen Tränen, quälenden Skrupeln. Die Familie scheint in dem größer und schwieriger werdenden Kind unverdrossen das pflegeleichte Nesthäkchen gesehen zu haben. „Wenn dieses Engelchen doch nicht groß werden würde!", so hat sich Pauline einer Freundin gegenüber verraten.

Thérèse sitzt in dieser erdrückend liebevollen, alles kontrollierenden, völlig nach außen abgeschotteten Familie herum, ohne Ablenkung, ohne körperlichen Ausgleich – Haus und Küche besorgt das Dienstmädchen; als sie eine Zeitlang morgens die Blumen vom Balkon in die Stube hineinträgt, vermerkt sie das in ihren Aufzeichnungen wie eine Heldentat –, ohne Freundinnen.

„Gespräche mit Menschen, selbst fromme Unterhaltungen, ermüdeten meine Seele", notiert sie. „War denn nicht Jesus mein einziger Freund? Nur mit Ihm konnte ich reden."

Thérèse spürt durchaus, daß sie immer wunderlicher wird. Hellwach und selbstkritisch stellt sie sich die Frage, ob sie sich ihre Krise nicht bloß eingebildet hat: „Lange nach meiner Genesung habe ich geglaubt, daß ich mich damals absichtlich so angestellt habe, um krank zu sein ..." Sie macht einige unbeholfene Versuche, aus dem goldenen Käfig der *Buissonnets* auszubrechen, sucht die Freundschaft gleichaltriger Mädchen – und fällt dabei schmerzhaft auf die Nase. Eines dieser „flatterhaften Geschöpfe", wie sie Thérèse später empört nennt, erklärt ihr seine zärtliche Zuneigung und schenkt ihr einen Ring. In den Schulferien fährt die neugewonnene Freundin nach Hause, Thérèse hütet das Ringlein wie einen Schatz und ist vor Freude außer sich, als die Gefährtin Monate später nach Lisieux zurückkehrt. „Aber ach! Ich erhielt nur einen gleichgültigen Blick ..."

Kinder sind manchmal so, aber für Thérèse, die Empfindsame, sturzt wieder cinmal eine Welt zusammen. „Dort, wo stärkere Seelen Freude finden", resümiert sie mit ihrer fantastischen Fähigkeit, sich selbst zu durchschauen, habe sie „nichts als Bitterkeit erlebt."

Das einzige Mädchen, mit dem sie dauerhafteren Umgang hat, ist die kränkliche, verhuschte Marie Guérin, der sie backfischhaft schwärmerische Briefe schreibt – „Meine liebe Marie, ich ließ meine Feder laufen wie eine kleine Närrin" –; aber die gehört als ihre Cousine ja auch zum verschworenen Familienclan, und außerdem ist es eine ziemlich merkwürdige Freundschaft: Am liebsten spielen die beiden Eigenbrötlerinnen „Einsiedler", das heißt sie richten sich im Garten eine Klause ein, bewässern ein

Gemüsebeet, das irgendwann einmal ihre spartanische Nahrung liefern soll, lösen einander im Gebet ab und begeistern sich am gemeinsamen Stillschweigen.

„Alles geschah in solcher Eintracht, solchem Schweigen und einer so geistlichen Art, daß es tadellos war", berichtet Thérèse in ihrer Begabung, skurrile Situationen mit trockener Ironie zu schildern. „Wenn uns dann meine Tante zum Spaziergang abholte, so ging unser Spiel sogar auf der Straße weiter. Die beiden Einsiedler beteten gemeinsam den Rosenkranz und bedienten sich dabei der Finger, um ihre Andacht nicht dem indiskreten Publikum preiszugeben, eines Tages jedoch vergaß sich der jüngere der Einsiedler und schlug über das Kuchenstück, das man ihm zum nachmittäglichen Imbiß gegeben hatte, bevor er es verzehrte, ein großes Kreuzzeichen, was das gesamte weltliche Volk zum Lachen brachte ..."

Weniger glimpflich ging der Versuch aus, auf dem Heimweg von der Schule mit geschlossenen Augen einherzuwandeln, um sich besser in fromme Andacht versenken zu können. Die beiden Eremitinnen stolperten nämlich über die vor einem Laden appetitanregend aufgestellten Obstkisten, richteten ein Chaos an und wurden von dem wütenden Kaufmann mit nicht besonders ehrfurchtsvollen Schimpfreden bedacht.

Man hätte dem furchtsamen Kind mehr solcher erheiternd-befreienden Abenteuer gewünscht! Denn Thérèses verwirrte Seele steuert auf eine neue Krise zu, sie weiß es und kann doch nichts dagegen tun. „Meine übergroße Empfindlichkeit machte mich wirklich unausstehlich", wird sie sich später in ihrer Autobiographie erinnern; „wenn es vorkam, daß ich unabsichtlich einen mir lieben Menschen ein bißchen kränkte, so ließ ich, statt mich zu überwinden und nicht zu weinen, den Tränen freien Lauf wie eine Magdalena ..., und wenn ich mich endlich über die Sache selbst zu trösten begann, weinte ich darüber, geweint zu haben ..."

46

Der Vater weiß sich schließlich keinen anderen Rat, als das Problemkind von der Schule zu nehmen; ab sofort erhält Thérèse Privatstunden im Salon einer geschwätzigen Madame, wo ständig Besucher ein und aus gehen. Immerhin ein Hauch der „großen Welt"!

In ihren Angstzuständen und religiösen Skrupeln hilft ihr Marie, die nüchterne Älteste. Am Vorabend der Beichte läßt sie sich von Thérèse alle ihre schrecklichen Sünden und Laster erzählen. In Wirklichkeit seien es „nicht einmal Unvollkommenheiten" gewesen, berichtet uns Marie. Dann habe sie ihr streng befohlen, sich bei der Beichte lediglich wegen zweier oder dreier Sünden anzuklagen, „die ich bestimmte. Sie war so folgsam, daß sie mir aufs Wort gehorchte".

Sicher hat sie die Schwester auch gegen Abbé Domins Erstkommunionunterricht immunisieren müssen. Denn der Abbé sprach mit Vorliebe von der Hölle, von Gottes furchtbarem Gericht und den Folgen einer unwürdig empfangenen Kommunion. Wie werden sie dastehen, fragt er seine verschreckten Schülerinnen, wenn eine von ihnen noch vor dem Tag der ersten heiligen Kommunion sterben sollte?

Bald darauf – wir ahnen es schon – geht auch Marie in den Karmel, vier Jahre nach Pauline. Thérèse ist nun 13 Jahre alt und fühlt sich im Familienverband verlassener denn je. Sicher, es gibt den geliebten Papa, aber der lebt zunehmend in seiner eigenen Welt, erste Anzeichen seiner späteren Gemütskrankheit machen sich bemerkbar, er wird von den Töchtern geschont und umsorgt wie ein Patient. Léonie, die 23jährige, ist nie eine Vertraute gewesen, Céline ist zu jung, keine Figur zum Anlehnen. In ihrer erfinderischen Verzweiflung erwählt sich Thérèse die vier früh verstorbenen Geschwister im Himmel zu Schutzpatronen – bezeichnenderweise nicht die tote Mutter:

*„Ich redete in kindlicher Einfalt mit ihnen und machte sie darauf
aufmerksam, daß ich als Jüngste der Familie stets die meist-
geliebte und am meisten mit Zärtlichkeiten überhäufte von meinen Schwestern gewesen war, und daß sie, wären sie auf der Welt
geblieben, mir gewiß ebenfalls ihre Liebe bewiesen hätten ... Die
Antwort ließ nicht auf sich warten, bald überströmte der Friede
meine Seele mit seinen köstlichen Fluten, und ich begriff, daß,
wenn ich auf Erden geliebt war, es auch im Himmel war!"*

Aus lauter Liebe in die Hölle

Was Thérèse und ihre Biographen ihre „Bekehrung" nennen, ist ein auf den ersten Blick völlig nichtssagendes Ereignis an Weihnachten 1886, wenige Tage vor ihrem
14. Geburtstag: Das große Kind – das von der Familie viel
zu lange als infantiles Nesthäkchen behandelt worden ist,
diese Rolle aber auch genossen und verinnerlicht hat –
stellt am Abend wie jedes Jahr seine Schuhe in den Kamin, um sie vom Christkind mit Süßigkeiten und kleinen
Geschenken füllen zu lassen, nach altem französischem
Brauch.

Nach der Mitternachtsmesse freut sich Thérèse schon
darauf, die Schuhe aus dem Kamin zu holen. „Papa liebte
es, mein Glück zu sehen", erinnert sie sich, „und meine
Jubelrufe zu hören bei jeder Überraschung, die ich aus
den verzauberten Schuhen zog, und die Fröhlichkeit meines geliebten Königs machte mein Glück noch größer;
aber Jesus wollte mir zeigen, daß ich mich von den Feh-
lern der Kindheit befreien sollte ..."

Denn diesmal geht dem Vater das kindische Glück seines Töchterchens offenbar auf die Nerven. „Nun, gottlob
ist es das letzte Jahr!" wirft er ärgerlich hin, und Thérèse,
die Mimose, möchte schon in Tränen ausbrechen, wie
üblich. Céline flüstert ihr zu, sie solle doch um Gottes willen schnell in ihr Zimmer gehen.

Doch da geschieht das Ungewöhnliche: Als wäre nichts

geschehen, läuft Thérèse zum Kamin, zieht die kleinen Geschenke hervor, strahlt ihren Vater an, der jetzt selbst wieder schmunzeln muß, und verbreitet eine Atmosphäre unbeschwerter Heiterkeit. Kein Schmollen, kein Seelendrama.

Das ist alles. Eine lächerliche Begebenheit, wie sie in jeder Familie tausendmal vorkommt; aber der kurze Augenblick krempelt Thérèses Leben völlig um. In einem einzigen schmerzlichen Moment hat sie begriffen, daß die Kindheit mit ihrem Zauber und ihren Sonderrechten endgültig vorüber ist. Aber sie akzeptiert die traurige Tatsache ganz nüchtern; wichtiger als die Wunde in der eigenen Seele ist das Wohlbefinden der anderen.

In diesem flüchtigen Moment bricht sie mit aller egozentrischen Selbstbespiegelung und entscheidet sich für den „kleinen Weg", wie man ihn später in der Geschichte christlicher Frömmigkeit nennen wird. In ihrer Autobiographie blickt sie mit leisem Staunen auf diese Weihnachtsnacht zurück: „Ja, ich fühlte die Liebe in mein Herz einziehen, das Bedürfnis, mich selbst zu vergessen, um Freude zu machen, und von da an war ich glücklich!"

Das Erlebnis schlägt tiefe Wurzeln. Fasziniert erfährt das junge Mädchen ein ums andere Mal, daß es viel schöner sein kann, sich fremden Ideen und Sorgen zu öffnen, als sich in den eigenen Problemen zu verkapseln. „In kurzer Zeit", freut sie sich, „hatte mich der liebe Gott aus dem engen Kreis hinauszuführen gewußt, in dem ich mich drehte, ohne zu wissen, wie ich ihm entkommen konnte."

Der überspannte Backfisch beginnt sich zur nüchternen, entschlossenen Erwachsenen zu mausern, voller Elan und von unbefangener Offenheit. An die Stelle der zwanghaften Suche nach Müttern, die das ewige Kind behüten und beschützen sollen, tritt eine ganz neue Erfahrung: Es macht Spaß, selbst ein Stück Verantwortung für andere zu übernehmen! Sie beginnt sich für die Sorgen der Dienstmädchen zu interessieren, knüpft auf linkische Art Gespräche mit zufällig ins Haus kommenden Handwerkern an, kümmert sich um kleine Mädchen, deren Mutter krank ist. Und sie entwickelt einen Feuereifer darin, ihre sehr lückenhafte Schulbildung durch selbständige Studien in Geschichte und Naturwissenschaften zu vervollständigen. Pauline wird später zögernd berichten, Thérèse habe sich „durch Beobachtung von Pflanzen und Vögeln" präzise über die Geheimnisse der Fortpflanzung informiert – was damals ein Tabuthema für jedes anständige junge Mädchen war!

Die Wende von der Selbstbespiegelung zum sozialen Empfinden drückt sich in schwärmerischen Formen aus, wie sie die Frömmigkeit jener Epoche bereithält. „Hingerissen" von der Liebe zu Jesus, bietet sie ihm eines Abends an, er solle sie ruhig in die Hölle verstoßen, damit ihm auch an diesem „Ort des Fluches" jemand Liebe entgegenbringe. Als Karmelitin wird sie diesen jugendlichen Überschwang mit leiser Ironie beurteilen: „Wenn man liebt, empfindet man das Bedürfnis, tausend Torheiten zu sagen."

Aber die im frommen Biedermeier verhaftete Schwärmerei enthält bereits eine deutliche Rebellion gegen bürgerliche Maßstäbe. Zielsicher sucht sich Thérèse ein lohnendes „Opfer" für ihren unbändigen Willen, zu lieben, sich hinzugeben, Verantwortung zu übernehmen: Es ist kein hilfsbedürftiges altes Mütterchen aus der Nachbarschaft und kein Waisenkind aus dem Industrieproletariat von Lisieux, es ist ein dreifacher Mörder namens Pranzini, dessen schauerliches Verbrechen 1887 ganz Frankreich aufwühlt. Obwohl der „Patriarch" seinen Töchtern die Zeitungslektüre verboten hat, verschlingt Thérèse sämtliche Berichte über die Bluttat und den Prozeß.

Der 30jährige Henri Pranzini soll in der Pariser Rue Montaigne eine junge Frau von lockerem Lebenswandel, das Hausmädchen und dessen elfjährige Tochter kaltblütig erwürgt haben. Die Zeitungen schildern ihn als

schönen Dämon, als Nihilisten und Abenteurer, Marien-
verehrer und Frauenhelden, hochintelligent, acht Sprachen beherrschend (im Gefängnis übersetzt er Bücher),
arrogant und rücksichtslos. Bis zur letzten Minute beteu-
ert er seine Unschuld, ist aber nicht bereit, um sein Leben
zu betteln. Man soll ihn nur hinrichten und aus seiner
Haut Geldbörsen machen!

Pranzini und die Martins, Extremtypen an verschiedenen Enden der gesellschaftlichen Skala. Der Satan und die
Guten, der Verlorene und die bewahrt Gebliebenen. Leute
wie die Martins brauchen die Pranzinis, um sich die
eigene Tugend bestätigen und die Lust am Schrecken, am
Gemeinen moralisch verklären zu können.

Thérèse, das ist das Aufregende, macht dabei nicht mit.
Ihr Interesse an Pranzini hat nichts von dem selbstgerechten Entsetzen an sich, mit dem der gute Bürger auf
fremde Abgründe zu blicken pflegt. Sie erklärt Pranzini
zu ihrem persönlichen Schützling -"mein Sünder" – und
seine Bekehrung zu ihrer Aufgabe, sie läßt Messen für ihn
lesen und betet wochenlang dafür, daß der hochmütige
Delinquent nicht unbußfertig sterben und in die Hölle
kommen soll. Aber sie tut das nicht in der gönnerhaften
Pose der reinen Jungfrau, die sich zu einem Auswurf der
Menschheit herabneigt, sondern in der erstaunlich
frühreifen Solidarität mit einem Gefährdeten.

Guillotine und Evangelium

Dazu braucht Thérèse keine Kenntnisse der Psychopatho-
logie von Gewohnheitsverbrechern oder der Soziologie
abweichenden Verhaltens, davon versteht sie nichts, und
diese Wissenschaften stecken zu ihrer Zeit noch in den
Kinderschuhen. Es genügt ihr Bild von einem Gott, dessen Barmherzigkeit kein Maß und dessen Liebe keine Bedingungen kennt. Es genügt das Evangelium von Gottes
erfinderischer Güte, die in Jesus ein menschliches Gesicht

angenommen hat. Es genügt die Offenbarung eines Gottes, der nicht als finsterer Racheengel in diese Welt gekommen ist, sondern als Bruder der Verzweifelten, der aus Liebe gestorben ist und einem rechtskräftig verurteilten Verbrecher mit brechenden Augen das Paradies versprochen hat.

Später wird sie ihre Schwester Céline an die Szene beim Gastmahl im Haus des Schriftgelehrten erinnern, wo sich Jesus von einer stadtbekannten Sünderin die Füße salben läßt: Wie unmöglich es die anderen Gäste gefunden haben, daß er sich einem gefallenen Menschen auf eine bloße liebevolle Geste hin zuwendet, ohne etwa zuvor eine nachprüfbare Änderung seines anstößigen Verhaltens zu fordern. Und wie er all den Anständigen ringsum mit seinem provozierenden Freispruch gleichsam eine Ohrfeige versetzt: Derjenige liebe am stärksten, dem die meisten Sünden vergeben worden seien.

Wie schwer ist es manchmal zu schlucken, daß Güte so viel weiter reicht als Gerechtigkeit! Thérèse hat begriffen, daß darin unsere einzige Chance liegt. Ständig zerbrechen wir uns den Kopf, was wir anstellen sollen, damit uns die anderen achten und lieben. Gott verzichtet auf alle Vorleistungen – weil wir vor ihm ohnehin immer arme Sünder bleiben. Er hat sich längst für uns entschieden, in kompromißloser Liebe.

Damals schon hat das junge Mädchen intuitiv verstanden, was es gegen Ende seines Lebens glasklar formulieren wird: Am „Tisch, an dem die armen Sünder essen", ist auch sein Platz, und sein Gebet kann nur lauten: „Erbarme dich unser, Herr, denn wir sind arme Sünder!"

In dieser Passage ihrer Autobiographie spricht die Karmelitin Thérèse, wohlgemerkt, von den Atheisten. Sie grenzt sich nicht in hochmütiger Glaubensgewißheit von ihnen ab, sie erkennt in ihren Zweifeln eine Gemeinsamkeit und im Scheitern aller Hoffnungen eine Möglichkeit, mit der sie selbst ganz realistisch rechnet. „*Wir* sind arme

Sünder" – nicht die anderen, wie fromme Heuchler so gern behaupten.

Damit fällt – um auf Pranzini zurückzukommen – die saubere Unterscheidung zwischen Anständigen und Kriminellen in sich zusammen. Ist das wirklich so einfach: hier die auf ihre Leistung Stolzen und dort die Verkommenen, da die Guten und woanders die Bösen? Ist es nicht oft recht zufällig und von tausend Bedingungen abhängig, ob der eine stolpert und fällt und der andere sich gerade noch fängt auf dem abschüssigen Weg? Für Thérèse gibt es nur eine einzige Konsequenz aus dieser Einsicht: Nicht auf das Ausmaß menschlicher Verfehlung kommt es an, sondern auf die unendliche Kraft der Liebe Gottes.

In der „Adoption" des Schwerverbrechers Pranzini steckt nicht nur eine entschlossene Auflehnung gegen gutbürgerliche Wertvorstellungen. Der schüchterne Querkopf rebelliert damit auch gegen die schrecklich morbide Atmosphäre im Elternhaus. Wenn es selbst für solche verpfuschten Existenzen wie den als Mörder angeklagten Pranzini eine Chance gibt, dann hat der Tod endgültig nicht mehr das letzte Wort, dann ist es nicht verrückt, wider alle Hoffnung zu hoffen, dann bedeutet kleingläubige Tristesse eine Beleidigung Gottes und die Verdammung eines Menschen einen Angriff auf seine maßlose, alle Grenzen sprengende Liebe.

In der Morgendämmerung des 31. August 1887 wird Henri Pranzini im Gefängnis La Roquette hingerichtet. Bis zuletzt hat er es abgelehnt, Reue über ein Verbrechen zu bekunden, das er nicht begangen habe; dem Gefängnispfarrer ist er mit höflicher Distanz begegnet. Doch als er vor der Guillotine steht und der Henker ihn bereits festschnallen will, bittet er den Abbé plötzlich mit angsterstickter Stimme um ein Kruzifix und küßt es dreimal voller Leidenschaft. Wenige Sekunden später saust das Fallbeil nieder.

Thérèse liest den detaillierten Bericht von dieser letzten

Geste in der Zeitung *La Croix* – und weint vor Glück. Genau darum hat sie all die Wochen gebetet. „Welch unsagbar zarte Antwort", schreibt sie in ihrer Autobiographie, auf den „Durst meiner armen kleinen Seele", Menschenseelen zu retten!

3

Die Mauer:
„Ich fühlte die Liebe in
mein Herz einziehen"

„Sieh her:
Ich habe dich eingezeichnet
in meine Hände"

JESAJA 49

Mehr denn je sehnt sich Thérèse nach dem Karmel.
Doch ihr Engagement für Pranzini in seiner Todeszelle zeigt, wie sich ihre Motive verändert haben. Der
Wunsch, wieder in Paulines Nähe zu kommen, mag zumindest im Unterbewußten noch eine Rolle gespielt
haben; der bei den Martins massiv ausgeprägte Drang,
sich hinter heiligen Mauern vor der „Welt" zu verstecken,
hat wohl auch mitgewirkt.

Doch jetzt lebt dieser Klostertraum immer stärker von
mitmenschlicher Solidarität, vom Wunsch, den Verzweifelten, Christusfernen, der Gnade Bedürftigen nahe zu
sein, auch von einem sozusagen missionarischen Ideal:
Glaubenszeugnis. Stellvertretung. Weltveränderung durch
geistige Präsenz, durch betende Teilnahme. Um zu verstehen, wie das in einem beschaulichen, weder pädagogisch
noch seelsorglich tätigen Kloster funktionieren kann, muß
man freilich glauben – an die Gemeinschaft der Heiligen,
wie die Theologen sagen, zumindest an die Kräfte des
Innern.

Thérèse ist zwar erst 14 Jahre alt, doch Ende des
19. Jahrhunderts kommt es häufig vor, daß jemand mit

16 Jahren ins Kloster geht und mit 18 die ersten, zeitlich befristeten Gelübde ablegt. Die Leiterin des Internats der Benediktinerinnen, das sie besucht hat, ist mit einer verhältnismäßig einfach zu erlangenden Dispens mit 15 Jahren eingetreten; dasselbe erhofft sich jetzt Thérèse.

Die Schwierigkeiten, die sich auftun, sind anderer Art. Wie wird der wenig belastbare Vater die Eröffnung aufnehmen, daß er nach den beiden älteren Töchtern jetzt auch noch seine „kleine Königin" hergeben soll? Die nüchterne Marie widersetzt sich aus diesem Grund dem stürmischen Wunsch Thérèses, während ihr Pauline energisch zurät. Auch der Onkel und Mitvormund, Isidore Guérin, ist gegen einen allzu frühen Eintritt.

Vor allem aber baut sich der Hausgeistliche, der angesehene Kanonikus Delatroëtte, wie ein Zerberus vor dem Tor zum Karmel auf: Nein, nicht noch eine dritte Martin-Tochter in diesem Kloster! Bei der resolut-vereinnahmenden Art der beiden Ältesten kann das nur zu einer verhängnisvollen Clanbildung führen, vor allem wenn man den finanziellen Einfluß des Klostermäzens Guérin dazunimmt. Die Zukunft wird leider zeigen, wie recht Delatroëtte mit seiner Befürchtung hatte. Wer will es ihm außerdem verdenken, daß er dem verzärtelten, übernervösen Kind, das nicht einmal den Schulstreß verkraftet hat, das harte Leben unter der strengen Klosterregel – und einer launischen, überaus autoritären Priorin, die wir gleich kennenlernen werden – nicht zutraut?

Im übrigen herrscht in Thérèses Innerem natürlich auch nach dem befreienden Weihnachtserlebnis keineswegs immer eitel Wonne, und ihr Seelenleben ist pubertären Schwankungen ausgesetzt. Als ihr zum Beispiel Onkel Isidore kategorisch erklärt, vor ihrem 17. Geburtstag wolle er kein Wort mehr vom Karmel hören, stürzt sie in einen trostlosen Zustand völliger Verlassenheit – der freilich nur solange währt, bis der bärbeißige, aber gutmütige Onkel seine Ansicht revidiert:

„Meine Seele glich dem zerbrechlichen Schifflein, ohne Steuermann den Wogen preisgegeben. Jesus war da und schlummerte in meinem Nachen, aber die Nacht war so schwarz, daß ich ihn nicht sehen konnte; nichts gab mir Licht, nicht einmal ein Blitz zerriß die düsteren Wolken … Wie Jesus im Garten der Todesangst fühlte ich mich einsam, ich fand keinen Trost, weder auf Erden noch vom Himmel her, der liebe Gott schien mich verlassen zu haben!!!"

Doch da durchkreuzt der „Patriarch" Louis Martin, seelisch bereits recht labil, aber jederzeit bereit, wie ein Löwe für die Lebenspläne seiner Lieblingstochter zu kämpfen, alle Bedenken und Argumente seiner Umgebung: Er hört sich Thérèses Gründe genau an und sagt dann unter Tränen ein begeistertes Ja. Um die letzten Widerstände beiseite zu räumen, fährt er mit Thérèse zum Bischof von Bayeux. Das 14jährige Mädchen hat sich zu dieser Reise das erste Mal die Haare hochgesteckt, um älter zu erscheinen, doch der wie ein zusammengefallener Turban verloren auf dem Kopf sitzende Haarknoten läßt das energisch und zugleich lustig blickende Kindergesicht im Kontrast nur noch stärker hervortreten.

Bischof Flavien Hugonin ist ein intelligenter, unabhängiger Kopf, der auf dem Ersten Vatikanischen Konzil gegen die Definition der päpstlichen Unfehlbarkeit gekämpft hat, ein glänzender Theologe, aber auch ein gütiger Seelsorger. Er empfängt Vater und Tochter Martin in seinem wohnlichen Arbeitszimmer, im Kamin flackert das Feuer, und Thérèse versinkt in einem riesigen Lehnsessel, „worin vier von meinesgleichen gemütlich Platz gehabt hätten".

Das sonst so schüchterne Mädchen spricht so leidenschaftlich von seinem lange, lange gehegten Klosterwunsch, daß der ebenfalls anwesende Generalvikar Révérony lachend einwirft, nun, es werde wohl nicht seit 14 Jahren ununterbrochen vom Karmel träumen.

„Das stimmt, antwortete ich ebenfalls lächelnd", erin-

nert sich Thérèse, „aber man kann nicht viele Jahre ab-
streichen, denn ins Kloster zu gehen begehrte ich, sobald
mein Geist erwachte!"

Aber vergeblich bezaubert Thérèse die geistlichen Herren mit ihrer schlagfertigen Hartnäckigkeit, vergeblich ergreift Papa Martin ihre Partei und bittet um die Erlaubnis
zum vorzeitigen Eintritt. Der bedächtige Bischof meint, er
müsse sich zuerst mit Abbé Delatroëtte besprechen. Ge-
nausogut hätte er Thérèse eine Teufelsbeschwörung vor-
schlagen können! Sie glaubt alles verloren und bricht in
haltloses Weinen aus. Der erschrockene Kirchenfürst
nimmt sie in den Arm, streichelt sie beruhigend und meint,
sie solle sich erst einmal der Wallfahrt nach Rom anschließen – von der ihr Vater eben gesprochen hat –, in der Zwischenzeit werde sich die Angelegenheit bestimmt klären.

Weder der gute Bischof Hugonin noch Papa Martin
wissen, was sie mit ihrem Wallfahrtsplan anrichten. Denn
längst hat die dickköpfige Thérèse – kräftig unterstützt
von ihrer nicht minder sturen Schwester Pauline – beschlossen, die Pilgerreise zu einer schlau eingefädelten
Erpressung umzufunktionieren. Sie will alles auf eine
Karte setzen und den Papst höchstpersönlich zu ihrem
Verbündeten machen!

Skandal im Vatikan

Äußerer Anlaß der groß aufgezogenen Romreise im
Herbst 1887 ist das Goldene Priesterjubiläum von Papst
Leo XIII., aber der erzkonservativ eingestellte normanni-
sche Adel sieht die Wallfahrt eher als politische Demon-
stration – und leider, die Chronisten lassen keinen Zweifel daran, auch als mondäne Vergnügungsreise in den damals touristisch noch wenig erschlossenen sonnigen
Süden. Die Gestalt des dialogfreudigen, kulturell offenen
Papstes steht in eigenartigem Gegensatz zu den Ansich-
ten und Motiven der Pilger aus der Normandie.

Leo, der von 1878 bis 1903 regiert, hat eine Hymne auf den eben erfundenen Fotoapparat gedichtet und die Archive des Vatikans für die Forschung geöffnet. Er kennt Dantes komplette *Göttliche Komödie* auswendig und verehrt den vom päpstlichen Lehramt einst verurteilten Galilei. Zu seinen Gründungen gehören die vatikanische Sternwarte und eine Hochschule für Literatur und Literaturkritik. Als erster Papst verzichtete Leo XIII. auf die bisher übliche Rede von „Schismatikern" und „Häretikern" und sprach lieber von „getrennten Brüdern". Die Verständigung von Kirche und moderner Kultur erklärte er zu seinem Regierungsprogramm. Und obwohl er in Frankreich die Aufhebung von Ordensniederlassungen und eine religionsfeindliche Schulgesetzgebung hinnehmen mußte, forderte er die französischen Katholiken mit einer eigenen Enzyklika auf, sich mit der republikanischen Staatsform zu versöhnen.

Doch den Baronessen und Grafen, die sich jetzt zu einer vierwöchigen Luxuswallfahrt aufmachen – in salonartigen Eisenbahncoupés, mit gut organisierten Stadtrundfahrten und Übernachtungen in den besten Hotels –, gilt die Wiederherstellung der Monarchie als Glaubenssatz. Man will dem von gottlosen Freigeistern bedrängten Ersatzkönig im Vatikan - dem die italienischen Einigungspolitiker den letzten Rest weltlicher Herrschaft streitig machen – huldigen und den Republikanern zu Hause in Frankreich publikumswirksam Paroli bieten. Während in Lisieux der Kommunalwahlkampf tobt, schwärmt Isidore Guérin in einem Leitartikel für den *Normand* vom Papst, der „allein, ohne Armee, ohne Verbündete in seinem Vatikan über die ohnmächtige Wut der revolutionären Meute lächelt".

Die Martins – Thérèse, Céline und der Papa – fühlen sich als unpolitische Bürgerliche nicht sehr wohl in dieser Adelsversammlung, und sie wundern sich auch darüber, daß die meisten ihrer Reisegefährten lieber Romane lesen und seichte Konversation machen, statt miteinander zu

beten. Thérèse lernt eine ganze Menge auf dieser Italien-
fahrt: über eingebildete Hohlköpfe – „Alle diese Titel und
diese ‚von' erschienen uns wie eitler Rauch" – und über
den Klerus, den sie bisher für einen puren Abglanz Gottes
gehalten hat: „Für die Sünder beten, das begeisterte mich,
aber für die Priester beten, von denen ich meinte, sie seien
reiner als Kristall, das fand ich erstaunlich!" Jetzt auf der
Pilgerfahrt blickt sie notgedrungen hinter die Fassade
und begreift, daß die Priesterwürde nichts an der menschlichen Gebrechlichkeit ändert.

Die Schönheiten Italiens lassen das in einer extrem
weltflüchtigen Frömmigkeit erzogene Mädchen, wie
könnte es auch anders sein, zunächst einmal an die gewiß
noch viel strahlenderen Wunder des Himmels denken,
und mit einer seltsam masochistischen Lust malt es sich
bereits aus, wie es von den Erinnerungen an diese Reise
zehren wird, „wenn ich als Gefangene im Karmel nur
mehr ein kleines Stückchen des besternten Himmels
werde sehen können".

Aber in ihrem – später in die Autobiographie einge-
gangenen – Reisetagebuch finden sich doch auch Stellen,
die einen frischen, neugierigen Blick verraten und ihre
Vorliebe für komische Situationen: Auf dem Dach des
Mailänder Doms, dessen Statuen sie faszinieren – „zahl-
los wie ein ganzes Volk" –, erklimmen die beiden
Mädchen auch noch die Spitze des letzten marmornen
Glockenturms und amüsieren sich über die ameisenarti-
gen Menschlein tief unten auf dem Domplatz. In Rom
entzückt sie ein des Französischen nicht perfekt mächtiger Führer, der die Pilger auf die wunderbaren *cor-
nichons* (Einfaltspinsel) auf den Bögen des Kolosseums
hinweist, während er doch gewiß *corniches* (Kranz-
gesimse) meint.

Dort am Umgang des Kolosseums übersteigen Céline
und Thérèse in einem unbewachten Augenblick ein
Schutzgatter und klettern das gefährlich bröckelnde
Mauerwerk bis zur Arena hinunter – zum Entsetzen des

Vaters, der dann aber seinen Stolz auf die mutigen Töchter nicht verbergen kann. Sie wollen unbedingt die Erde berühren, wo man 1600 Jahre früher die Christen den Löwen vorgeworfen hat, sie erbeuten einige Steinchen als Reliquien, und Thérèse, wen wundert's, betet „um die Gnade, auch eine Märtyrerin für Jesus zu werden".

Erheblich mehr Angst als vor den nicht sehr trittsicheren Ruinen hat die 14jährige vor der Audienz bei Papst Leo am 20. November 1887. Man hat den französischen Pilgern zwar versprochen, daß jeder einzelne vor dem Papst niederknien, seine Hand küssen und seinen Segen empfangen darf, aber es ist wegen der großen Zahl der Audienzteilnehmer ausdrücklich untersagt, das Wort an den Heiligen Vater zu richten. Und neben dem Papst sieht Thérèse auch noch den Generalvikar Révérony stehen, der sie als Quälgeist kennt und ihr Vorhaben bestimmt vereiteln wird! Sie fühlt ihren Mut sinken und sieht hilfesuchend Céline an. „Rede!" zischt ihr die Schwester zu.

Und nun ereignet sich ein für vatikanische Verhältnisse unerhörter Skandal. Statt die Hand des Papstes zu küssen, legt Thérèse ihre Hand in die seine, schaut ihn aus verweinten Augen an und bittet mit zitternder Stimme um die Erlaubnis, „zu Ehren Ihres Jubiläums" schon mit 15 Jahren in den Karmel einzutreten. Leo erfaßt die Situation nicht gleich, versteht das stotternde Kind vielleicht auch nicht, und wendet sich an Abbé Révérony, der ihn verärgert über die Sachlage aufklärt; „die Oberen prüfen gegenwärtig die Angelegenheit".

„Nun gut, mein Kind", sagt der Heilige Vater zu dem verheulten Geschöpf und sieht es gütig lächelnd an, „tun Sie, was die Oberen bestimmen werden!" Also auch hier will man sie vertrösten! Thérèse nimmt ihren ganzen Mut zusammen, umklammert die Knie des Papstes und bettelt: „O Heiligster Vater, wenn Sie Ja sagten, wären alle einverstanden!"

Leo sieht sie fest an und gibt die salomonische Antwort: „Schon gut, schon gut; Sie werden eintreten, wenn der liebe Gott es will!" Thérèse möchte noch mehr sagen, aber der Heilige Vater legt ihr die Hand auf die Lippen, und als sie keine Anstalten macht aufzustehen, stellen sie zwei Nobelgardisten und Abbé Révérony mit sanfter Gewalt auf die Füße. Sie hat immer noch die Knie des Papstes umklammert, und die Nobelgardisten müssen sie schließlich aus dem Saal schleppen.

Die Männer waren keine Bedrohung

Der Vorfall hat Aufsehen erregt, kommt in die Presse, ist in Lisieux Tagesgespräch, als die Pilger zurückkehren. Thérèse kümmert sich nicht um das Gerede, läuft jeden Tag dem Briefträger entgegen; vielleicht kommt doch noch ein positiver Bescheid vom Bischof, dem sie in der Zwischenzeit noch einmal geschrieben hat, respektvoll, aber drängend.

In ihrer Autobiographie findet sich inmitten der Notizen von der Romreise eine eigenartige Andeutung: Es habe auf dieser Pilgerfahrt „Dinge genug" gegeben, „um eine ungefestigte Berufung zu erschüttern". Und auch schon vorher, als sie von ihrer neu erwachten Freude an den Menschen nach der weihnachtlichen „Bekehrung" erzählt, bemerkt sie, damals sei sie „im gefährlichsten Alter für ein junges Mädchen" gewesen.

Hat sie also doch gezögert auf ihrem Weg in den Karmel? Ist sie plötzlich erschrocken in der Erkenntnis, was sie aufzugeben bereit war? Hat sie sich in die Welt verliebt – oder in einen Jungen? In eine Freundin? Wir wissen es nicht. Céline wird später berichten, daß sich auf der Pilgerfahrt ein schüchterner Jüngling für ihre Schwester interessierte und Thérèse ihr anvertraute, o ja, ihr Herz würde sich bestimmt schnell „von Zärtlichkeit fangen lassen", hätte sie sich nicht schon für Jesus entschieden. In Bologna geriet Thérèse in eine Horde italienischer Studenten, ein besonders frecher hob sie einfach hoch. Sie notiert es in einer Mischung von Empörung und Amüsement, ohne ein Drama daraus zu machen.

Die Männer können kaum eine Bedrohung für ihren Klosterplan gewesen sein. Dazu war Thérèse viel zu naiv. Als sie irgendwie von der Existenz „gefallener Mädchen" erfuhr und von den Asylen, in denen aussteigewillige Prostituierte Zuflucht vor ihren Zuhältern fanden, träumte sie sich sogleich in eine neue Mission hinein: Wie schön wäre es, sich unerkannt in so ein Heim aufnehmen zu lassen, als eine von ihnen unter den Gestrandeten zu leben und den armen Mädchen „von Gottes Barmherzigkeit zu berichten!" Doch dieselbe Thérèse, die nichts dabei fände, die Hure zu spielen, hat sich während ihrer ernsten gesundheitlichen Krise vor lauter Hemmungen nicht einmal von der Schwester Marie abduschen und kalte Wickel verabreichen lassen, wie es der Arzt verordnet hatte. „Stets war mein Leib mir unbehaglich", verriet sie später auf dem Krankenlager im Karmel, „ich fühlte mich nicht wohl in ihm, und schon als Kind schämte ich mich seiner."

Die Versuchung wird einfach in der Schönheit der Welt gelegen haben, an der sie sich auf der Fahrt nach Rom förmlich sattgetrunken hat: „Ich hatte nicht Augen genug, um alles zu betrachten", jubelt sie noch im Rückblick. „Ich stand aufrecht am Wagenfenster und mir blieb fast der Atem weg; am liebsten wäre ich auf beiden Seiten des Waggons zugleich gewesen …" Da mag ihr aufgegangen sein, worauf sie verzichten wollte: keine Reisen mehr, bis ans Lebensende die enge Zelle, das vergitterte Fensterchen und die Mauern des Karmel. Mehr noch: keine Überraschungen mehr, keine erregenden Begegnungen mit Menschen außerhalb des Konvents, keine Möglichkeit, dem Leben eine neue Richtung zu geben.

Für eine ähnlich eingeengte Zukunft aber, und das wird auch die naive Thérèse gewußt haben, entschied sich unter damaligen Bedingungen so ziemlich jedes heiratswillige junge Mädchen.

Krippe und Kreuz

An Neujahr 1888, einen Tag vor ihrem 15. Geburtstag, erhält Thérèse im Sprechzimmer des Karmel die Nachricht, daß Bischof Hugonin ihren sofortigen Eintritt genehmigt hat! Sie ist vor Freude außer sich. Doch nun zögert die Priorin. Thérèse soll noch bis Ostern warten; man will ihr die von den Satzungen vorgeschriebene strenge Fastenzeit ersparen – und wohl auch den Abbé Delatroëtte nicht zu sehr brüskieren. Thérèse nimmt die neue Enttäuschung als Einladung, Demut und Gelassenheit zu lernen – und sich in Ruhe auf die neue Welt vorzubereiten, die auf sie wartet.

Was ist der Karmel? „Der Karmel ist Gewalt auf der ganzen Linie!" So charakterisiert Gertrud von le Fort den Orden in ihrer bezaubernden Novelle von der kleinen Blanche de la Force, diesem furchtsamen Vögelchen, die als Karmelitin die Todesangst der ganzen Welt in sich trägt und in ihrer Schwachheit Gott näher kommt als manche forschen Helden.

Griechische Mönche haben sich im 5. oder 6. Jahrhundert in den waldreichen Schluchten des Karmelgebirges (*Karmel* heißt Garten) oberhalb Haifa niedergelassen und dort den Propheten Elija verehrt. Im Mittelalter besiedelten fränkische Eremiten die zahlreichen Höhlen und Grotten der Gegend und schlossen sich 1156 zu einer Gemeinschaft zusammen, die sich wieder an Elija und der Muttergottes orientierte. Ende des 16. Jahrhunderts spaltete sich der Orden in eine mildere und eine strengere Richtung; letztere ist mit dem Namen der großen, auch den mächtigsten Kirchenmännern furchtlos gegenübertretenden Teresa von Ávila und mit der Tradition der Eremiten verbunden.

„Gott lebt, und ich stehe vor seinem Angesicht", hatte Elija gesagt, und diese Haltung prägt den Orden bis heute: ganz arm und leer vor Gott werden, um die von allen menschlichen Sicherheiten entleerte Seele mit dem

Schatz seiner Gegenwart füllen zu lassen. Vertrauensvoll alle Barrieren niederreißen, um Gottes strahlendes Licht ungehindert in den Menschen einfallen zu lassen.

Mit düsterer Askese hat das eigentlich wenig zu tun. Wo gibt es schon eine so fröhliche Weihnachtsfeier wie in einem Karmelkloster, wo in allen Zimmern und Winkeln wunderschöne Krippen aufgebaut sind und die Schwestern mit Silberglöckchen und Engelsgesang zum Chorgebet geweckt werden? Und die zurückgezogene, „beschauliche" Lebensform darf nicht mit Problemflucht und Selbstbespiegelung verwechselt werden. Karmelitinnen und Karmeliten stehen vor Gott für andere – stellvertretend.

Thérèse sei Karmelitin geworden, „um sich für die Anliegen der Kirche zum Opfer zu bringen", sagte ihre Schwester Céline im Heiligsprechungsprozeß aus. Edith Stein, die in Auschwitz vergaste jüdische Karmelitin und Philosophin, formuliert den Sinn dieser „Stellvertretung" für uns verständlicher: „Dem Herrn verbunden, bist du allgegenwärtig wie Er. Nicht hier oder dort kannst du helfen, wie der Arzt, die Krankenschwester, der Priester. An allen Fronten, an allen Stätten des Jammers kannst du sein in der Kraft des Kreuzes."

Sich hingeben, um andere zu befreien. Sich selbst sterben, damit andere leben können. Liebe in letzter Konsequenz. Stellvertretendes, erlösendes Leiden ist uralte jüdische Tradition, und mit dieser kamen die ersten Eremiten im Karmelgebirge in Berührung. Das Christentum knüpft nahtlos an diese Tradition an, wenn es von Christus als dem „Lamm Gottes" spricht, dem die Sünde aller Menschen aufgebürdet wurde.

„Kleine Wüsten, die für die Welt beten" hat jemand die Karmelklöster genannt. Das Gebet steht im Zentrum des Ordenslebens und bestimmt den Tagesablauf: um fünf Uhr früh stille Betrachtung im Chorraum der Hauskapelle, um sechs Uhr das gemeinsam gesungene Stundengebet, um sieben Uhr die Morgenmesse, danach erst das

Frühstück, eine im Stehen eingenommene Suppe. An den zahlreichen Fasttagen fällt das Frühstück aus. Die Tagesarbeit in Küche und Garten, Nähstube und Waschhaus wird von einem einfachen Mittagessen – Gemüse, Obst, Fisch, Eier, Käse; Fleisch bekommen nur die Kranken und Gebrechlichen – und zwei Erholungsstunden unterbrochen. Vor dem Abendessen die Vesper, geistliche Lesung, Betrachtung. Um neun Uhr abends noch einmal das gemeinsame Stundengebet, das bis dreiviertel elf Uhr nachts dauern kann. Insgesamt bringt jede Schwester ungefähr sechs Stunden täglich in Gebet und Betrachtung zu.

Der Karmel von Lisieux ist ein noch sehr junger Konvent. 1838 ist er von Poitiers aus gegründet worden, in einem einfachen Haus mit einem Strohdach. Als Thérèse hier eintritt, ist der schiefergedeckte Klosterbau aus roten Ziegelsteinen erst zehn Jahre fertig. Eine etwas stillose Ansammlung von Gebäuden, aber doch recht stimmungsvoll mit dem sonnigen Garten und der Kastanienallee; es könnte auch ein Krankenhaus oder ein Internat sein.

Als Thérèse hier am 9. April 1888 die Klausurpforte durchschreitet, nach einem letzten zärtlichen Blick auf den Papa, der weinend zurückbleibt, ist sie 15 Jahre und drei Monate alt und am Ziel ihrer Wünsche angekommen. Doch wie der zürnende Engel an der Paradiesespforte hat sich am Eingang der unversöhnliche Abbé Delatroëtte aufgebaut. Seine schneidende Stimme hallt gewittergleich durch die Stille: „Jetzt können Sie ein *Te Deum* singen, Ehrwürdige Mutter Priorin! Im Auftrag des Hochwürdigsten Herrn Bischofs übergebe ich Ihnen dieses 15jährige Kind, dessen Eintritt Sie gewollt haben. Ich wünsche Ihnen, es möge Ihre Erwartungen nicht enttäuschen, aber ich mache Sie darauf aufmerksam, daß Sie allein die Verantwortung tragen, wenn es anders kommt!"

Die kleine Gemeinde sei „wie versteinert" gewesen, erinnert sich Pauline. Und doch paßt das Schockerlebnis dieser ersten Minute in Thérèses Klosterleben genau zu dem Namen, den sie im Karmel erhält: *Theresia vom Jesuskind*. In der geistigen Tradition des Ordens ist damit keineswegs irgendeine sentimentale Krippenfrömmigkeit verbunden, sondern die erschütternde Erfahrung eines ohnmächtig und hilflos gewordenen Gottes. Eine sehr herbe, reife, riskante Form von Religiosität, die auf das übliche Gerüst von Sicherheiten verzichtet. Nichts für ängstliche Fundamentalisten.

Dietrich Bonhoeffer hat ziemlich „karmelitisch" empfunden, als er in der Todeszelle seinen tapferen Karfreitagsglauben formulierte: „Gott läßt sich aus der Welt herausdrängen ans Kreuz, Gott ist ohnmächtig und schwach in der Welt und gerade und nur so ist er bei uns und hilft uns." Betlehem und Golgota gehören in dieser Frömmigkeit eng zusammen. Hinter der Krippe ragt das Kreuz auf, die verletzliche Nacktheit des Jesuskindes, das in einem Viehstall Zuflucht gefunden hat, verweist auf die geschändete Gestalt des Gekreuzigten.

Thérèse ist sich dieser Zusammenhänge sehr genau bewußt. In einem ihrer tiefsten Gedichte redet sie den menschgewordenen Gott mit einer melancholischen Zärtlichkeit an:

> *„Gotteskind, am Morgen Deines Lebens*
> *Ist Dein schönes Gesicht von Tränen feucht,*
> *Liebestränen auf dem süßen Antlitz,*
> *Und sie rinnen bis zur Schmerzensnacht.*
> *Alle Wunder Deines Gottesgesichtes*
> *Erkenne ich auf Veronikas Tuch,*
> *Deines Kinderhauptes klaren Glanz."*

Und kurz vor ihrem Tod entwirft sie für sich selbst ein Wappen: In zarten Pastellfarben malt sie das schlafende Jesuskind im mit Stroh ausgepolsterten Futtertrog und darüber das Schweißtuch der Veronika, dem Christus auf dem Weg zum Kreuz sein Antlitz eingeprägt hat. Oder ist es das Turiner Grabtuch, das die Spuren des toten Jesus trägt, wie man damals meinte? Krippe und Tuch verbinden die Ranken einer Weinrebe.

Die Emanzipation vom Familienclan

Ironie des Schicksals: Die dem Elternhaus entronnene Thérèse findet sich im Karmel erneut in der Rolle des Nesthäkchens, als Jüngste unter den 25 Schwestern, von denen viele schon sehr alt sind. Sogar eine der Gründerinnen des Konvents von Lisieux weilt hier noch als lebende Legende, die 83jährige Geneviève von der heiligen Teresa. In den neun Klosterjahren der Thérèse Martin werden fünf Nonnen sterben, fünf neu eintreten – darunter Céline und die Cousine Marie Guérin -; zwei Dutzend Nonnen bilden nach der Ordensregel die Idealbesetzung eines Karmel.

Die Kandidatin Thérèse wird in Spiritualität und Geschichte des Ordens sowie in die tausend Gebräuche und Merkwürdigkeiten des Klosterlebens eingeführt; in der Wäschekammer und bei der Gartenarbeit soll sie zeigen, über welche praktischen Talente sie verfügt. Ihre Spezialaufgabe, die sie sehr liebt, ist die Sorge für eine entsetzlich kitschige Statue des Jesuskindes im Kreuzgang; sie schmückt das Machwerk mit frischen Feldblumen und bemalt das nachthemdartige Kleidchen zu allem Überfluß rosa – mit Goldborte. Mit dem Kitschjesus ist aber auch eine kleine Geschichte verbunden, die Thérèses große Sensibilität zeigt: Weil Schwester Hermance den Blumenduft schlecht verträgt, ersetzt Thérèse die Feldsträuße immer häufiger durch künstliche Blumen.

Thérèse ist wild entschlossen, sich von ihrer gluckenhaften Familie zu emanzipieren. Peinlich ist ihr die Lawine von Leckereien und Präsenten, die ihr Papa, Tante und Schwestern in den Karmel schicken, immer in der Sorge, das Kind bekomme nicht genug zu essen und nicht bedenkend, daß sie Thérèse damit in die gleiche Außen-

seiterrolle drängen wie schon im Internat. Neid und Miß-
gunst machen vor Klostermauern nicht halt.

Die vielen Briefe und Besuche läßt sie sich zwar gern
gefallen, sie will der Familie nicht weh tun und genießt
gewiß auch die Rückkehr in das Nest, in dem sie sich so
geborgen gefühlt hat. Während in streng geführten Kon-
venten lediglich ein Brief pro Jahr an die nächsten An-
gehörigen und ein Verwandtenbesuch alle drei Jahre erlaubt waren, kam die Familie Martin jeden Sonntag ins
Sprechzimmer und unterhielt eine rege Korrespondenz
mit den drei ausgeflogenen Vögelchen.

Aber innerhalb des Karmel geht die jüngste Martin-
Tochter vom ersten Tag an auf strikte Distanz zu ihren
Schwestern. Sie tut das nicht schroff, sondern auf ganz liebenswürdige Art: Um ihr das Eingewöhnen zu erleich-
tern, hat die Priorin angeordnet, daß ihr Marie – die Älteste – die Feinheiten des Stundengebets beibringen soll,
und oft versucht Marie die Gelegenheit zu nutzen, noch
ein wenig mit dem Schwesterchen zu plaudern. Die
Ordensregel, die viel Wert auf gesammeltes Schweigen
legt und müßige Unterhaltungen verbietet, wird in
Lisieux nicht sehr ernstgenommen. Thérèse jedoch entzieht sich Marie mit der Begründung: „Es wäre sehr
hübsch, noch mit Ihnen zusammen zu sein, aber wir sind
nicht mehr zu Hause!" Pauline geht es nicht besser, als
Thérèse zu ihrer Gehilfin im Speisesaal bestimmt wird.
Schweigend tut sie ihre Arbeit an der Seite der einstigen
Ersatzmutter – und man sieht ihr an, wie bitter schwer ihr
dieses Schweigen fällt.

Wenn sie sich einer Mitschwester anschließen möchte,
dann am ehesten noch der Priorin Marie de Gonzague,
einer Figur wie aus einem Adelsroman, Aristokratin
unter Kleinbürger- und Bauerntöchtern, autoritär und be-
strickend, ungerecht und bezaubernd, herrschsüchtig
und im Grund ihrer Seele liebebedürftig wie eine ins Exil
geschickte Königin. Thérèses geniale Biographin Ida Friederike Görres beschrieb die Klostervorsteherin 1947 als

„echte große Dame des Ancien régime, großzügig und tüchtig, eigensinnig und launenhaft", immer in der Versuchung, „die allzu gefügige Herde, die so eifrig um ihre Gunst warb", zu verachten und sich so selbst zur Einsamkeit zu verurteilen, eine verbitterte Fürstin, die sich „wie ein Adler im Hühnerstall" habe fühlen müssen.

Thérèse, noch ein halbes Kind, verfällt dem schroffen Charisma dieser 54jährigen Frau wie viele im Kloster. Marie de Gonzague, aus der alten Familie de Virville in Caen, leitet den Karmel von Lisieux 22 Jahre lang – mit Unterbrechungen, denn eine Priorin kann nur sechs Jahre hintereinander im Amt bleiben. Ihr Führungsstil ist chaotisch, sie schwankt zwischen tyrannischer Kontrolle und laxer Toleranz. Impulsiv, eifersüchtig, hochintelligent, aber unbeherrscht, gibt sie heute Befehle, die sie morgen vergessen hat, erlaubt sie der einen Nonne lächelnd, was sie der anderen kategorisch verbietet.

Die zweite ungekrönte Herrscherin dieses Klosterreiches heißt Mira und ist die Katze der Priorin. Sie darf nur mit Kalbsleber gefüttert werden, und als sie eines Abends nicht pünktlich heimkehrt, schickt Marie de Gonzague den ganzen Konvent auf die Suche, ohne sich um das „große Schweigen" zu scheren. Wenn die Schwester der Priorin, eine unglücklich verheiratete Gräfin, zu Besuch kommt, und das geschieht häufig, verwandeln sich die Karmelitinnen in beflissene Zofen, die den hohen Gästen ihre Wäsche ausbessern, Zierdeckchen sticken und Familienportraits kopieren. Manche Nonnen geben sich nur zähneknirschend zu solcher Dienstmädchenarbeit her. Doch auch sie sind begierig auf den Tratsch aus der Welt draußen, den die Gräfin mitbringt und den die Priorin in den Erholungsstunden gerne weitererzählt.

Für Thérèse in ihrer naiven und dabei erstaunlich reifen Regeltreue ist es eine schwierige Situation: Fasziniert von der kraftvollen, immer noch etwas mondänen Frau muß sie sich gegen ihre eigenen Gefühle stemmen und gleichzeitig lernen, mit den widersprüchlichen Anordnungen der Priorin umzugehen. Marie de Gonzague spürt instinktiv den inneren Widerstand ihrer jüngsten Untertanin – und sie ahnt, daß ihr dieses Kind als einzige im Kloster gewachsen ist, daß hier unter aller liebenswürdigen Demut ein ähnlich weiter Geist und eine ebenbürtig starke Persönlichkeit vibrieren.

Deshalb beginnt die Priorin einen erfinderischen Kleinkrieg gegen das Kind zu führen – weil sie ihre bisher fraglos akzeptierte Macht bedroht fühlt, aus der vagen Angst heraus, sich in ein verwandtes Herz zu verlieben, aber auch aus pädagogischer Verantwortung. Die arme Thérèse weiß oft gar nicht, wie ihr geschieht, alles will sie richtig machen und muß sich dafür ständig verhöhnen und auszanken lassen! Sie bemüht sich, die ungewohnte Hausarbeit perfekt zu verrichten, alle Spinnweben im Kreuzgang zu erwischen und das Unkraut im Garten auszurotten, und erntet statt Lob sarkastische Kommentare: Ein verwöhntes Kind, das sich so dumm anstelle, tauge nicht für das Klosterleben.

Pauline beobachtet das, stellt die Priorin vorsichtig zur Rede – und holt sich eine Abfuhr, die grob klingt, aber auch einige Vernunftgründe für sich hat: „Das hat man davon, wenn zwei Schwestern in einem Kloster sind! Sie möchten Schwester Theresia natürlich herausgestellt sehen; ich muß aber genau das Gegenteil tun. Sie ist sehr viel stolzer, als Sie meinen. Sie hat es nötig, beständig gedemütigt zu werden."

Bei anderer Gelegenheit gab Marie de Gonzague zu bedenken: „Eine Seele von solchem Schlag darf nicht wie ein Kind behandelt werden!" Thérèse hat allmählich begriffen, welcher Respekt, ja welch verschüttete Liebe sich hinter der scheinbar unmotivierten Härte der Oberin verbarg – die ihr in Briefen an die Familie Guérin frühreife Vernunft bescheinigte und zugab, alles an diesem Mädchen sei vollkommen. Später werden die beiden starken Frauen so etwas wie Freundinnen werden – und Thérèse wird die einzige sein, der es gelingt, den Schutzpanzer der mißtrauisch und hart gewordenen Priorin aufzubrechen.

„Der Konvent geht wie auf einem gespannten Seil"

Pauline, die *petit mère*, hat sich zur zweiten Führungspersönlichkeit im Karmel von Lisieux entwickelt. Sie, die im Kloster Agnès de Jésus heißt, wird zur Novizenmeisterin ernannt und später, 1893, Marie de Gonzague für drei Jahre als Priorin ablösen. Natürlich betrachtet sie das Schwesterchen, dessen Klostereintritt sie mit Vehemenz betrieben hat, als ihren besonderen Schützling. Sie behütet – oder soll man sagen: verfolgt? – Thérèse mit gluckenhafter Sorge: Läßt man sie auch nicht hungern? Hält sie die Bußübungen und die Kälte in der Zelle aus – in den Karmelklöstern wurde zu jener Zeit nur ein Gemeinschaftsraum geheizt, auch im strengsten Winter –? Warum beantragt sie keine Ausnahmen von der Regel, wie es sehr jungen oder kränklichen Nonnen zusteht?

Thérèse scheint zwischen diesen beiden robusten Frauen zerrissen wie ein Kind zwischen zwei starken, eifersüchtigen Elternteilen. Besonders schlimm wird die Situation 1893, als Schwester Agnès neue Priorin wird. Mutter Marie de Gonzague selbst hat die Wahl betrieben, weil sie selbst nicht wiedergewählt werden kann – die Satzungen erlauben nur zwei aufeinanderfolgende Amtsperioden von je drei Jahren – und leichtes Spiel mit der Jüngeren zu haben glaubt. Als Pauline Martin dann eigene Ideen und einen eigenständigen Führungsstil entwickelt, ist die Hölle los. Die gekränkte Marie de Gonzague intrigiert gegen die Nachfolgerin, wo sie nur kann, hintertreibt ihre Entscheidungen, mobilisiert ihre getreue Hausmacht, erreicht tatsächlich nach drei Jahren die eigene Wiederwahl. Und mittendrin immer Thérèse, die ihre Liebe zu Pauline ebensowenig verleugnen will wie die respektvolle Zuneigung zu Marie de Gonzague und sich in all dem Wirrwarr zu einer Diplomatin von hohen Graden entwickelt. „Der ganze Konvent geht wie auf einem gespannten Seil", äußert sie besorgt, „der liebe Gott wirkt jeden Augenblick ein wahres Wunder, daß es nicht umkippt!"

Die anderen Mitschwestern sind, um es hart zu sagen, schlechter Durchschnitt: Die greise Novizenmeisterin Marie von den Engeln, herzensgut, doch geschwätzig, ohne jeden psychologischen Durchblick. Die kleingewachsene, aber robuste Schwester Saint-Vincent-de-Paul, hochbegabt für alle Näh- und Stickarbeiten, die schrecklich gern über Dinge redet, von denen sie nichts versteht, und Thérèse wegen ihrer Schwerfälligkeit in Handarbeiten boshaft „das große Zicklein" nennt. Die Schwester Raphael vom Herzen Mariens, die mit ihrem bedächtigen Ordnungssinn und ihren endlosen erbaulichen Reden allen auf die Nerven geht. Die vierschrötige Bauerntochter Aimée de Jésus, ein unverdrossenes Arbeitstier, aber furchtbar umständlich beim Sprechen und von einem verletzenden Mißtrauen, als die vierte Martin-Tochter, Céline, eintreten will: „Der Karmel braucht keine Künstlerinnen!" sagt sie in unwirscher Anspielung auf Célines Mal- und Fotografierleidenschaft, „nötig sind gute Krankenschwestern und Wäschefrauen". Und um das Kreuz im Klosterhof hätte sie viel lieber Kartoffeln als Rosensträucher gepflanzt, wozu sollen die vielen Blumen gut sein?

Es gehört zu den Wundern in Thérèses Leben, daß sich die einstige Mimose, die bei jeder Gelegenheit in Tränen auszubrechen pflegte, mit soviel Verstand und Gelassenheit in diese schwierige Gemeinschaft einfügt, ein halbes Kind noch und doch fähig, liebenswürdig auf die Schrullen der alten Klosterdamen und die raffinierten Gemeinheiten der Novizen einzugehen und zugleich unbeirrt ihren ganz persönlichen Weg zu verfolgen.

Sie registriert „Nadelstiche", die man ihr versetze – höchst ungewöhnlich, daß sie sich in ihren Aufzeichnungen überhaupt einmal beklagt! –, und findet es dann doch viel bemerkenswerter, daß sie soviel liebevolle Aufmerksamkeit erfährt, natürlich völlig unverdient, wie sie meint. Die uralte Schwester Saint-Stanislas zum Beispiel bewundert ihren ruhigen, selbstverständlichen Gehorsam und nennt sie zärtlich „Schwester So sei es". Sie entscheidet sich bewußt für die ganze Härte des Klosterlebens, bittet prinzipiell nie um Ausnahmen und Erleichterungen, auch wenn sie kaputtgeschuftet oder krank ist, und verbreitet dennoch mit ihrem bezaubernden Lächeln eine gute, heitere Atmosphäre um sich. Sie hat Angst vor der unberechenbaren Priorin und läßt sich doch mit zusammengebissenen Zähnen von ihr formen und zurechtschleifen, weil es gut für sie ist: „Wie sehr danke ich dem lieben Gott, daß er mir eine so kraftvolle und kostbare Erziehung zuteil werden ließ!" wird sie auf dem Sterbebett bekennen; was wäre wohl aus ihr geworden, hätte man sie in der Klostergemeinde verwöhnt wie ein „Spielzeug"?

Sie zieht eine harte Trennungslinie zu ihren Schwestern im Karmel, führt jede Woche neu einen zähen Kampf um Emanzipation gegen die wie eine kleine Armee im Sprechzimmer einfallende Familie, die sich über die vermeintlich schlechte Behandlung ihres Engelchens entrüstet. Lediglich kurze Briefchen tauscht sie mit Marie und Pauline, später auch mit Céline aus, Grußbotschaften von Zelle zu Zelle nach der Sitte des Karmel und im neckischen Biedermeierstil.

Thérèse im Januar 1889 an Marie vom Heiligen Herzen – ihre älteste Schwester: „Geliebter Löwe Jesu, das Lämmchen hat es so nötig, ein wenig Kraft und Mut bei Ihnen zu borgen … Das arme Lämmchen kann Jesus nichts sagen, und vor allem, Jesus sagt nichts zu ihm … Geliebter Löwe, ich habe Dir vieles zu sagen, aber ich habe keine Zeit. Lesen Sie im Herzen Ihrer kleinen Tochter, wie Sie es so gut verstehen!"

Thérèse im Mai 1890 an Agnès de Jésus (Pauline): „Geliebtes Lamm, mein Herz folgt Ihnen in die Einsamkeit. Sie wissen, leichtbeschwingte Lerche, daß Sie einen Faden am Fuß haben, und so hoch Sie auch aufsteigen, Sie müssen Ihre Last mitschleppen ... Sie, die Sie eine leuchtende Fackel sind, die Jesus mir gab ..., sagen Sie Jesus, er möge mich anschauen."

Das ist alles. Ein paar Zärtlichkeiten auf Zettelchen, Gefühle auf verschwiegenem Papier. Die Unterhaltungen mit den Schwestern beschränkt sie eisern auf das von der Regel erlaubte Maß. Mehr noch, in den kurzen Erholungsstunden schließt sie sich bewußt an die Minderbemittelten und Unsympathischen an. Sie setzt sich zur taktlosen und aufdringlichen Schwester Martha, die ständig von der vergötterten Priorin redet und gar nicht hinhört, wenn ihr Thérèse klar macht, eine Ordensschwester habe sich nicht an eine Vorgesetzte zu hängen „wie der Hund an seinen Herrn". Sie teilt sogar die kostbaren Einkehrtage einmal im Jahr, die der Selbstreflexion und der Aussprache mit einer Vertrauensperson vorbehalten sind, mit der zudringlichsten und geistlosesten Novizin.

Den Nächsten zu lieben, heißt für Thérèse, die Menschen so anzunehmen, wie sie sind – nicht sich den angenehmsten Umgang auszusuchen. Denn wer kann wissen, ob er nicht selbst eine arge Plage für die Mitwelt ist?

4

Die Zelle: „Jesus schläft in meinem kleinen Nachen"

„Unsre Seele ist wie ein Vogel
dem Netz des Jägers entkommen;
das Netz ist zerrissen, und wir sind frei"

PSALM 124

So waren meine Wünsche endlich erfüllt", notiert „Thérèse in ihrer Autobiographie im Rückblick auf den Ordenseintritt; „meine Seele empfand einen so süßen, so tiefen *Frieden,* daß ich unmöglich Worte dafür finden kann, und dieser Friede tief im Innern ist mir nun seit siebeneinhalb Jahren geblieben; auch inmitten der schwersten Prüfungen ist er nicht von mir gewichen."

Denn es ist kein von Illusionen und frommen Schaumschlägereien gespeistes Glück, das sie erfüllt. „Was die Illusionen betrifft", fährt sie fort, „der liebe Gott hat mir die Gnade gewährt, bei meinem Eintritt in den Karmel *keine einzige* zu haben. Ich fand das Klosterleben so, wie ich es mir vorgestellt hatte, ... mehr Dornen als Rosen!"

Der Entschluß zur Ordensexistenz befreit ja niemanden automatisch von seinen Problemen, wie er vielleicht gehofft hat. Alle schlechten Gewohnheiten, alle Ängste und Schuldgefühle schleichen sich ins Kloster mit hinein, jetzt vielleicht getarnt als geistlicher Hochmut oder fromme Gewissensqual. Denn die Schwierigkeiten, die wir mit uns selbst und der Welt haben, wurzeln in unseren Herzen, weniger in äußeren Bedingungen.

Neuneinhalb Jahre wird Schwester Theresia einge-
schlossen in einer neun Quadratmeter großen Zelle verbringen, nur wenige Straßen von den idyllischen *Buisson-*
nets entfernt. Neuneinhalb Jahre, in denen sie immer wieder von Heimweh überfallen wird und – nach eigenem
Bekunden – von Wäldern, Blumen und fröhlichen Kindern träumt, vom Meer und von bunten Schmetterlingen.
Thérèse an Céline eines Samstags kurz nach der Gelübdeablegung: „Papa kommt morgen nicht! Céline, ich gestehe
dir, meine Tränen sind geflossen, ... ich kann kaum die
Feder halten."

Neuneinhalb Jahre inmitten schrecklich gewöhnlicher
Mitschwestern, die sentimental und brutal sein können,
liebevoll und von erfinderischer Bosheit. In jenen Zeiten
tritt man nicht unbedingt aus religiöser Überzeugung in
ein Kloster ein, bei den Kandidatinnen aus kinderreichen
Bauernhäusern und Kleinbürgerfamilien gibt oft genug
der Gedanke an die sichere „Versorgung" und das Pre-
stige des Ordensgewands den Ausschlag, für adelige
Fräulein ist das Kloster nicht selten die Rettung vor einem
freudlosen, geduldeten Dasein als alte Jungfer.

Natürlich gibt es innerhalb der Mauern von Lisieux
himmelstürmenden Glauben und hingebungsvolle Liebe,
aber eben auch Eifersucht und Bitterkeit und den ganzen
gehässigen Mißmut eines verpfuschten, unbefriedigten
Lebens. Erschütternd, wie Pauline erzählt, ein so lächer
licher Anlaß wie ein verschnittener, unglücklich sitzen-
der Habit habe Thérèse über Monate hinweg Spott und
Sticheleien eingetragen. Erschreckend die Aussagen der
Mitschwestern im Heiligsprechungsprozeß, die vor unserem Auge eine Ansammlung von Nörglerinnen, ver-
schrobenen Sonderlingen, Schwermütigen und Psycho-
pathinnen erstehen lassen, angefangen von einer zum
Glück wieder Ausgetretenen, die als „irdisch gesinnt,
neidisch und überaus eifersüchtig, mit boshafter Zunge,
sonderbar, zudringlich, geschmacklos" geschildert wird,
bis zur Schwester Thérèse de Saint-Augustin, einer eben-

so bornierten wie eingebildeten Figur, die einen guten Gedanken nicht auszusprechen wagt, aus Angst, es könnte ihn eine nachmachen, und mit himmlischen Entrückungen prahlt, weil sie beim Chorgebet einzuschlafen pflegt.

Im finsteren Tunnel der Angst

Es herrscht nicht die beste Atmosphäre in diesem Konvent – und im Hinterkopf hat Thérèse ständig die Sorge um ihren geliebten Vater. Von einem Gehirnschlag, vor der Romwallfahrt erlitten, hatte er sich schnell wieder erholt. Doch eine unaufhaltsam fortschreitende Arteriosklerose führt zu Bewußtseinsstörungen, Gedächtnisverlust, schweren Depressionen. Den Papagei, an dem er sehr hängt, vergißt er einfach zu pflegen und ist außer sich, als das Tier eingeht. Eines Tages – Céline hat ihm gerade gestanden, daß auch sie in den Karmel eintreten will – ist er plötzlich verschwunden, Céline und Onkel Isidore suchen ihn verzweifelt, entdecken ihn endlich in verwirrtem Zustand in Le Havre.

Papas Krankheitsbild zeigt ein ständiges Auf und Ab. Als Thérèse am 10. Januar 1889 eingekleidet, aus der Kandidatin auf Probe zur Novizin wird, ist er bei klarem Verstand und kann seine „kleine Königin" voller Stolz zu der Zeremonie geleiten, die zu jener Zeit wie eine glanzvolle Hochzeit aufgezogen wird: Tatsächlich trägt die 16jährige ein prachtvolles Brautkleid aus weißem Samt, mit Alençonspitzen verziert – sie will sich ja mit Christus vermählen –, als sie am Arm des glücklichen Vaters zur Kapelle schreitet, gefolgt von der ganzen Familie. Nach der Messe eine letzte Umarmung, und Thérèse betritt wieder die Klausur – diesmal für immer. Die Liturgie der Einkleidung, bei der sie das Hochzeitsgewand mit dem braunen Wollkleid und dem weißen Mantel der Karmelitinnen vertauscht und von Bischof Hugonin ihren Ordensnamen verliehen bekommt, kann die Familie nur mehr durch ein Gitter verfolgen.

Doch bald geht es dem Vater wieder schlechter. Ein neuer Schlaganfall. Halb gelähmt und kaum fähig zu sprechen, fantasiert Louis Martin vom Auswandern und von einer Eremitenklause weit weg von der betriebsamen Welt. Zu seinem eigenen Schutz muß man ihn in einer Heilanstalt unterbringen, wo er in eine traurige Schicksalsergebenheit versinkt: Das geschehe wohl, „um meinen Stolz zu brechen", sagt er.

Thérèse schreibt zärtliche Briefe mit all den alten Kosenamen: „Mein geliebter König, Dein Diamant [gemeint ist Marie, die Älteste] kann Dir nicht schreiben; denn er ist bei der großen Wäsche. Doch das hindert ihn nicht, an Dich, mein geliebtes Väterchen, zu denken ... Wenn ich an Dich denke, dann denke ich ganz von selbst an den lieben Gott ... Je länger ich lebe, mein geliebtes Väterchen, desto mehr liebe ich Dich." Sie nennt sich selbst seine „arme kleine Königin", den „kleinen blonden Maikäfer" und bekräftigt immer wieder: „Jesus, der König des Himmels, hat mich, als er mich für sich nahm, meinem heiligen König auf der Erde nicht entführt, o nein. Immer, wenn mein geliebtes Väterchen es will und mich dessen nicht zu unwürdig findet, werde ich bleiben: Papas Königin."

Doch die Sorgen bleiben und die bitteren Selbstvorwürfe. Mitschwestern und Besucher lassen es die Martin-Töchter deutlich genug spüren, daß man sie für den Zusammenbruch des Vaters verantwortlich macht, der die Einsamkeit nicht verkrafte. Sie müssen sich wenig taktvolle Bemerkungen über Geistesverwirrtheit und senile alte Männer anhören, man spekuliert sogar ganz offen über die Vererbbarkeit von Geisteskrankheiten. War die Familie Martin nicht immer schon eine sonderbar überspannte Gesellschaft?

Thérèse wäre die letzte, die dieses Geschlecht als seelisch robust bezeichnen würde. Immer noch hat sie massive Probleme mit sich selbst. Ida Friederike Görres bescheinigt ihr nach der Lektüre ihrer Briefe und Gedichte eine egomanische Übersensibilität, „die jeden Stich vergrößert spürt und gleichsam verdoppelt und länger nachschmeckt als andre". Jede Seite verrate „die leidenschaftliche, nie gesättigte Intensität ihrer Selbstwahrnehmung und Selbstempfindung, der Selbstbetrachtung und Selbstzergliederung".

Das Leben unter dem religiösen und moralischen Anspruch einer Ordensregel – gar einer so strengen wie der karmelitischen – erzeugt notwendig Gewissensdruck und das Gefühl, den hohen Erwartungen nie genügen zu können. Irgendwann einmal fühlt sich jeder Mönch, jede Nonne ausgebrannt, der Schwung des Anfangs scheint verloren, die leidenschaftliche Liebe zu Christus und die Freude an den Weggefährten sind nur noch ferne Erinnerungen. Die Erfahrungen geistlicher Dürre, die jeder Klostermensch kennt, welche Qual müssen sie einer so überwachen Beobachterin eigener Schwächen bereitet haben!

„Wenn man wenigstens noch Jesus fühlte, oh, man würde gern alles für ihn tun", schreibt sie bereits in ihrem ersten Klosterjahr an Céline. „Aber nein, er scheint tausend Meilen fern, wir sind mit uns selbst allein." Ein Jahr später in den Exerzitien, als sie während der drei, vier Stunden täglicher Betrachtung in eine erschreckende Leere stürzt: „Nichts bei Jesus, Trockenheit! ... Schlaf! ... Jeden Trostes beraubt in den Finsternissen ... Jesus macht keine Anstalten, sich mit mir zu unterhalten."

Am Vorabend ihrer Profeß, zu einem Zeitpunkt also, wo die Seele einer Nonne nach landläufiger Meinung voller Jubel sein sollte, notiert sie düster, das Gesicht ihres Bräutigams sei „verborgen". Man erschrickt, wenn man die ungeschminkten Aufzeichnungen dieses schwer depressiven, an Ängsten und Sinnlosigkeitsgefühlen leidenden Mädchens liest, das alle Welt mit seinem strahlenden Lächeln bezaubert hat und heute noch als Paradebeispiel fröhlichen Glaubens gilt: „Jesus hat mich an die Hand genommen", bekennt Thérèse, „und er ließ mich in ein unterirdisches Land eintreten, in dem es weder kalt noch warm ist – in dem die Sonne nicht scheint und wo Regen und Wind keinen Zutritt haben, in einen Tunnel, in dem ich nichts als einen halbverschleierten Schein sehe, den die gesenkten Augen im Antlitz meines Bräutigams um sich verbreiten!"

„Jesus schläft, das betrübt mich nicht"

Aber der Graphologe hat schon recht, der in Thérèses Handschrift die Züge einer Mimose und einer Kriegerin entdeckte, „Beeindruckbarkeit", Schwäche und Ängste, aber auch „eiserne Entscheidungskraft" und „geballte Energie". Wenn sie in ihren Aufzeichnungen auf die eigenen Seelenqualen zu sprechen kommt, dann geschieht das im Stil nüchterner Information, ohne sich in hysterische Klagen oder gar Anklagen zu verlieren.

„Jesus schläft", lautet eine stehende Redewendung, mit der sie die Gottesfinsternis in ihrem Innern beschreibt, „Jesus schlummert in meinem kleinen Nachen." Na und? Thérèse weiß solcher Tristesse etwas abzugewinnen: „Die Menschen lassen Ihn selten ungestört in ihrer Seele schlafen. Jesus ist so müde, sich immer zu verausgaben und entgegenzukommen, daß Er gern die Ruhepause benützt, die ich Ihm anbiete. Er wird vermutlich nicht vor meiner großen Einkehr in der Ewigkeit erwachen; aber das betrübt mich nicht, es bereitet mir im Gegenteil höchste Freude ..."

Erst nach ihrem Tod wird der schlafende Jesus in ihr erwachen: Wieviel verzweifelte Resignation verraten solche Sätze! Und doch bringt es das blutjunge Mädchen fertig, die enttäuschende Erfahrung eines schweigenden Gottes in ihren Glauben zu integrieren. Sie akzeptiert die Nacht – und verwandelt sie. Sie lernt, Jesus um seiner selbst willen zu lieben, nicht um ein schönes Gefühl zu spüren: „Ich danke Jesus dafür, daß Er mich im Finstern wandeln läßt", vertraut sie Pauline kurz vor der Gelübdeablegung an.

„Ich bin glücklich, ja sehr glücklich, keinen Trost zu empfinden; ich würde mich schämen, wenn meine Liebe der von irdischen Bräuten gliche, die immer nach den Händen ihres Verlobten blicken, um zu sehen, ob er ihnen ein Geschenk bringt, oder ins Gesicht, um ein Lächeln, das sie entzückt, zu erhaschen. Thérèse, die kleine Braut Jesu, liebt Jesus um Seinetwillen …"

Daß in der schmerzlichen Empfindung der Gottesferne die Chance liegt, ihm besonders nahe zu kommen, die Möglichkeit einer ganz reinen, konzentrierten Liebe ohne all die Krücken religiöser Hochstimmungen und seliger Gefühle – daß sie das begreift, zeigt die in ihrer Emotionalität manchmal noch so kindhafte Thérèse auf einer verblüffend reifen Stufe des Glaubens. Ordensleuten geht es wie Ehepaaren: Sie müssen oft sehr alt werden, um herauszufinden, daß Liebe weniger atemlose Leidenschaft bedeutet als entschlossene, nüchterne Treue. Thérèse – als ob sie um ihre begrenzte Lebenszeit gewußt hätte – verstand es instinktiv von Anfang an.

„Jesus verbirgt sich, aber man ahnt ihn", schrieb sie an Céline. „Indem man selbst Tränen vergießt, trocknet man die seinen." In Thérèse lebt ein Stück von der trotzigen Glaubenskraft der Juden, die einem ungerührt schweigenden Gott unter Folter und Verfolgung entgegengeschrien haben: „Du kannst mich schlagen, soviel du willst, aber ich werde nicht aufhören, dich zu lieben!" Thérèses berühmtes Lächeln hat nichts mit naivem Optimismus zu tun, mit der verkrampften Lustigkeit, die das Negative einfach nicht wahrhaben will. Ihr Lächeln, die erhaltenen Fotografien zeigen das deutlich, ist das Ergebnis eines Kampfes, der Sieg über Angst und Depression, die keineswegs weggewischt werden, sondern in Augen und Mundwinkeln stehen bleiben.

Man hätte keinen passenderen Ordensnamen für die junge Nonne finden können als jenen, den sie beim „Schleierfest" am 24. September 1890 erhält – bei der Überreichung des Schleiers fügt der Karmel dem beim Eintritt verliehenen ersten Ordensnamen einen zweiten hinzu –: *Theresia vom Kind Jesus und vom Heiligsten Antlitz.* Gemeint ist das leidende Antlitz des kreuztragenden Christus auf dem Schleier der Veronika, das damals in Lisieux sehr verehrt wurde; Isidore Guerin hatte der Kathedrale Saint Pierre ein entsprechendes Gemälde gestiftet. Thérèse nennt sich nicht nach dem majestätischen Weltenrichter, wie er von byzantinischen Kuppelfresken blickt, und auch nicht nach dem freundlich lächelnden Menschenbruder auf populären Jesusbildern ihrer Zeit, sondern nach dem geschändeten Todeskandidaten, den der Prophet Jesaja schildert: „Er hatte keine schöne und edle Gestalt, so daß wir ihn anschauen mochten." Jesajas Worte vom leidenden Gottesknecht seien „die Grundlage meiner ganzen Andacht zum Heiligsten Antlitz" gewesen, wird sie Pauline wenige Wochen vor ihrem Tod anvertrauen, „oder, um es richtiger zu sagen, die Grundlage meiner ganzen Frömmigkeit".

Leichentücher und Nachtlämpchen

Wenige Tage vor dem „Schleierfest", am 8. September 1890, hat die 17jährige Profeß gefeiert, die Gelübde abgelegt, auf Besitz, Sexualität und eigenen Willen verzichtet. Am Vorabend stürzt sie noch einmal in eine tiefe Krise: Ihre Berufung sei ihr „wie ein Traum, ein Wahngebilde" erschienen; „ich fand das Leben im Karmel sehr schön, aber der Teufel gab mir die Gewißheit ein, daß es nicht für mich gemacht sei". Thérèse ist so verzweifelt, daß sie – ungewöhnlich bei ihrer Bescheidenheit – die Novizenmeisterin aus der Kapelle herausholt, wo die älteren Schwestern vor einer Profeß traditionsgemäß bis Mitternacht beten. Der gutmütigen alten Frau gelingt es, das Mädchen zu beruhigen. Am nächsten Morgen fühlt sich Thérèse „von einem Strom des Friedens überflutet". Doch dieser Zustand währt nicht lang, beim „Schleierfest" drei Wochen später notiert sie schon wieder: „Jesus überließ mich meinen eigenen Kräften, und ich mußte zeigen, wie klein die waren."

Doch so klein können ihre Kräfte nicht gewesen sein, denn neben der Betreuung der Sakristei und allen möglichen Malarbeiten, zu denen man das künstlerisch nicht unbegabte Mädchen heranzieht, muß sie während einer schweren Grippeepidemie im Winter 1891/92 Höchstleistungen erbringen. Drei der älteren Schwestern sterben, unter ihnen die wie eine Heilige verehrte Gründerin des Konvents, die 87jährige Mutter Geneviève. Lediglich drei Nonnen verschont die tückische Krankheit, unter ihnen Thérèse, die von früh bis spät auf den Beinen ist, um die leidenden Mitschwestern zu pflegen, die Toten in Leintücher zu hüllen, die Beerdigungen vorzubereiten und einen Rest von geistlichem Leben in dem still gewordenen Kloster aufrechtzuerhalten.

„Überall herrschte der Tod", erinnert sie sich, „die am schwersten Erkrankten wurden von solchen gepflegt, die sich kaum auf den Füßen zu halten vermochten. Kaum hatte eine Schwester den letzten Seufzer getan, so mußten wir sie allein lassen. Eines Morgens, als ich aufstand, hatte ich das deutliche Gefühl, Schwester Madeleine sei gestorben. Der Gang lag im Dunkeln, niemand trat aus den Zellen; schließlich entschloß ich mich, Schwester Madeleines Zelle zu betreten, deren Tür offenstand. Ich fand sie in der Tat angekleidet auf ihrem Strohsack ausgestreckt, ich empfand keinerlei Furcht. Da ich sah, daß sie keine Kerze hatte, holte ich eine und dazu einen Kranz von Rosen."

Doch inmitten dieser traurigen Atmosphäre hat Thérèse erstaunliche Begegnungen mit dem Tod, die sie glücklich machen. „Ohne Anstrengung gingen die Sterbenden in ein besseres Leben hinüber", das hat sie beobachtet, „sofort nach ihrem Tod breitete sich ein Ausdruck der Freude und des Friedens auf ihren Zügen aus, sie schienen sanft zu schlummern ..." Thérèse beweist in diesen Wochen soviel Präsenz, Verantwortungsgefühl und Herzenswärme, daß der kritische Kanonikus Delatroëtte seine Meinung ändert und sie von da ab eine „große Hoffnung" für den Karmel von Lisieux nennt.

Hat er bemerkt, wie lächelnd subversiv Thérèse im Konvent wirkt, wenn sie sich einfach eisern an die Regel hält, das ständige Geschwätz und die laxen Sitten nicht mitmacht, ohne hochmütig zu kritisieren oder strafende Blicke auf die anderen abzuschießen? Wenn es sein muß, wenn jemand ungerecht behandelt wird, ist sie durchaus fähig, ihre Meinung zu sagen. In den meisten Fällen entscheidet sie sich aber dafür, still zu gehorchen – nicht aus Feigheit oder träger Bequemlichkeit, sondern bewußt, weil das Gehorchen einen höheren Sinn hat, weil sie sich so den Egoismus abtrainieren und in der Unterordnung unter ihre Vorgesetzten die Liebe zu Christus beweisen will.

Als die Priorin wieder einmal den ganzen Konvent auf Trab bringt, weil ihre Schwester, die Gräfin, zu Besuch weilt und bedient werden muß, ereilt Thérèse spät abends der Befehl, den hohen Herrschaften einen Lampenschirm zu basteln; die Gräfin findet das Licht des Nachtlämpchens zu grell. Thérèse reagiert wütend wie jeder normale Mensch, sie ist müde und überdies fieberkrank, wie kommt sie dazu, jetzt noch für die eingebildete Gästeschar zu arbeiten? Doch dann beschließt sie ganz bewußt, den Auftrag als Übung im klösterlichen Gehorsam zu nehmen und als Gelegenheit, die eigene Empfindlichkeit zu besiegen – „und ich machte das Lämpchen so hübsch und sorgfältig, als sei es für Maria und das Jesuskind bestimmt".

Warum die nervtötenden Mitschwestern
zu lieben sind

Mag Gott sich auch vor ihr verbergen – längst hat Thérèse entdeckt, wo er unfehlbar zu finden ist: in ihren Mitschwestern, gerade in den anstrengenden, wenig angenehmen. Auch Jesus habe schließlich seine Jünger nicht wegen ihrer „natürlichen Vorzüge" geliebt, stellt sie kurz vor ihrem Tod lakonisch fest, dazu seien sie viel zu unwissend und irdisch gesinnt gewesen. Nein, die wahre Liebe bestehe darin, „alle Fehler des Nächsten zu ertragen, sich nicht zu wundern über seine Schwächen, sich an seinen geringsten Tugenden zu erbauen". Und zwar nicht aus gönnerhafter Barmherzigkeit, sondern aus der realistischen Einsicht heraus, wie schnell ein falsches Urteil gefällt ist und wie sehr jeder Mensch der Nachsicht bedarf.

„Man muß die anderen immer liebevoll beurteilen", wird sie später als Novizenbetreuerin fordern, „denn was in unseren Augen als Nachlässigkeit erscheint, ist oft und oft in den Augen Gottes eine Heldentat. Eine Schwester, die Kopfweh hat oder von seelischen Leiden geplagt wird, leistet mehr, wenn sie ihre halbe Arbeit tut, als eine andere, die gesund an Leib und Seele die ganze vollbringt."

Bei Thérèse sind das keine schönen Worte. Kein Mensch will in der Wäscheabteilung mit Schwester Marie de Saint-Joseph zusammenarbeiten, die wegen ihrer lautstarken Wutausbrüche gefürchtet ist. Thérèse übernimmt die Arbeit freiwillig und verblüfft die Cholerikerin, wenn sie wieder einmal lospoltert, mit ihrem bezaubernden Lächeln. Ähnlich isoliert ist die Pfortenschwester Saint-Raphael du Coeur-de-Marie, die alle mit ihren peniblen Vorschriften nervt, wie irgendwelche Schachteln gestapelt werden müssen und wie man den Besen beim Putzen führt, und dazu noch ebenso lange wie sinnlose Predigten hält.

Thérèses Rezept ist einfach: „Man muß sie aus Liebe bei der Einbildung lassen, daß sie uns mit ihren guten Lehren eine Wohltat erweist; schließlich gibt sie uns ja wirklich Gelegenheit, Geduld zu üben!" Im übrigen dürfe man ihre Zuckerkrankheit nicht vergessen: „Seien Sie sanft zu ihr, sie ist nicht gesund."

Köstlich die in der Autobiographie überlieferte Geschichte von dem kleinen Tick der Schwester Marie de Jésus. Thérèse hat bei der abendlichen Betrachtung ihren Platz vor dieser Nonne, die ständig ein seltsames Geräusch erzeugt, „ungefähr so, als würden zwei Muscheln aneinandergerieben". Was Thérèse in ihrer dezenten Art als „Rosenkranzgeklapper" deutet, werden andere Mitschwestern später sehr viel prosaischer erklären: Schwester Marie habe die Angewohnheit besessen, mit den Fingernägeln knirschend an den Zähnen entlang zu fahren. Thérèse berichtet, das dauernde Klappern habe sie zur Weißglut gebracht, „ich fühlte mich in Schweiß gebadet". Doch um alles in der Welt wollte sie die Gefährtin nicht durch einen tadelnden Blick kränken. „So versuchte ich, dieses gar so unangenehme kleine Geräusch zu lieben; statt danach zu trachten, es nicht zu hören (ein Ding der Unmöglichkeit), bemühte ich mich, ihm aufmerksam zu lauschen, als wäre es ein entzückendes Konzert, und mein ganzes Gebet ... bestand darin, dieses Konzert Jesus darzubringen."

Das seien ganz geringfügige Sachen, betont Thérèse in ihrer Lebensgeschichte, eine „sehr kleine Seele" wie sie könne Gott eben nur „sehr kleine Dinge" anbieten. Wer diese Episoden heute liest, entdeckt darin freilich ebensoviel Humor wie Weisheit – und die Kunst, Glauben und Liebe auf das Wesentliche zu konzentrieren. Dort im Zentrum findet man überraschenderweise oft ganz alltägliche Anforderungen statt mystischer Höhenflüge.

Die über 70jährige Schwester Saint-Pierre, einst ein Musterbeispiel an Arbeitsgeist und Hingabe, führt einen tapferen Kampf gegen das Rheuma in seiner schmerzhaftesten Form. Krumm und halb lahm, schleppt sie ihre deformierten Glieder jeden Abend zur gemeinsamen Betrachtung in den Chor und danach in den Speisesaal, braucht dabei fremde Hilfe, benimmt sich aber so unausstehlich wie viele Kranke, die vor Schmerzen fast verrückt werden und dabei noch unter ihrer demütigenden Hilflosigkeit leiden. Thérèse versteht das instinktiv und bietet der mißtrauischen alten Klosterdame mit wahrer Leidenschaft ihre Dienste an.

Nun beginnt jeweils vor Beginn des Abendessens, wenn Schwester Saint-Pierre gebieterisch ihre Sanduhr schüttelt, ein unerbittliches Zeremoniell: „Zunächst mußte ich die Sitzbank auf eine ganz bestimmte Weise wegrücken und tragen", berichtet Thérèse, und man kann sich vorstellen, daß sie in der Rückschau lächelt. „Vor allem aber durfte nichts zu schnell gemacht werden. Dann konnte unser Marsch beginnen. Hierbei hatte ich hinter der armen Kranken herzugehen und sie am Gürtel festzuhalten. Ich tat das mit der größtmöglichen Behutsamkeit. Aber wenn sie unglücklicherweise einen falschen Schritt machte, dann meinte sie sofort, ich hielte sie schlecht und sie würde fallen. – ‚Mein Gott, Sie gehen zu schnell. Ich werd' mir die Knochen brechen.' Versuchte ich, noch langsamer zu gehen: ‚So kommen Sie doch! Ich spür' Ihre Hand nicht mehr, Sie haben mich losgelassen, ich werd' fallen! Ich hatte schon recht, wenn ich sagte, Sie seien zu jung, um mich zu führen.'"

„Endlich kamen wir heil im Refektorium an", erzählt die geduldige Thérèse weiter. „Aber hier traten neue Schwierigkeiten auf. Ich mußte Schwester Saint-Pierre beim Hinsetzen helfen und dabei geschickt vorgehen, um ihr nicht weh zu tun. Dann mußte ich ihr die Ärmel zurückschlagen (wieder auf eine bestimmte Art), danach durfte ich gehen."

Das Herz der Kranken gewinnt Thérèse erst, als sie beobachtet, wie sie „mit ihren armen verkrüppelten Händen" große Mühe hat, das Brot zu schneiden und in ihren

Napf zu brocken. Ganz behutsam übernimmt Thérèse fortan auch diese Aufgabe, und weil sie darum nicht gebeten worden ist, zeigt sich die schwierige Mitschwester gerührt und schenkt der kleinen Nonne ihr Vertrauen, „vor allem, weil ich vor dem Weggehen für sie mein schönstes Lächeln aufsetzte".

„Mystikerin und Komikerin"

Dieses Lächeln ist den Karmelitinnen von Lisieux noch nach Jahrzehnten im Gedächtnis geblieben. Es scheint meilenweit entfernt gewesen zu sein von der süßsauren Freundlichkeit, die unzufriedene Kirchenleute wie eine lästige Pflicht absolvieren, und auch von dem weltentrückten, leicht vorwurfsvollen, demonstrativ überirdischen Lächeln, das in manchen Klöstern zu Hause ist.

Ihre Novizenmeisterin schildert sie als „kleine Heilige ...", der man die heilige Kommunion ohne Beichte reichen würde, deren Häubchen aber voll von Schalkheit ist, um sie dem anzutun, wem immer sie will. Mystikerin, Komikerin, alles gelingt ihr ... Sie kann Sie dahin bringen, aus Frömmigkeit zu weinen, und ebenso gut, sich in unseren Rekreationen halb totzulachen." In der Tat, wenn Thérèse in der Erholungsstunde fehlte, waren alle traurig: „Oh, heute wird es nichts zum Lachen geben!" Ganz offensichtlich hat sie vom Papa das Talent geerbt, eine gemütliche Runde zu unterhalten – unter anderem durch die perfekte, aber niemals verletzende Imitation von Stimmen und persönlichen Eigenheiten. Man kann sich unschwer vorstellen, wie urkomisch es gewirkt haben muß, wenn die 18jährige plötzlich mit dem brummigen Organ und dem umständlichen Gehabe einer Klosterseniorin auftrat!

Längst betrachtet die Egozentrikerin von einst die Menschen, die sie sich nicht ausgesucht hat und denen sie bis ans Ende ihrer Tage zusammenleben soll, nicht mehr als Rivalinnen oder Störenfriede. Sie ist glücklich, wenn eine harmonische Atmosphäre im Konvent herrscht, und stolz, wenn sie ein wenig dazu beitragen darf. Gern läßt sie sich mit Beschlag belegen, teilt die wenigen im Karmel erlaubten Habseligkeiten wie Bleistift oder Malpinsel mit anderen.

Thérèses literarische und künstlerische Produktivität, die um das Jahr 1893 beginnt, gehört in diesen Zusammenhang. Sie fängt nicht etwa zu schreiben und zu malen an, um die älteren Karmelitinnen zu beeindrucken oder sich gar einen Namen in der katholischen Welt zu machen; ihre Gedichte und Bilder sind fast sämtlich Auftragsarbeiten, dazu bestimmt, der Priorin oder einer Mitschwester einen Gefallen zu tun.

Ganz sicher wird es ihr auch Spaß gemacht haben, das Meßbuch für die Konventskapelle zu illuminieren, liturgische Gewänder und das Tuch, mit dem das Kommuniongitter verkleidet wurde, zu bemalen oder – Höhepunkt ihrer künstlerischen Tätigkeit – im Krankenoratorium die Wand rund um den Tabernakel, wo sich an den Anbetungstagen die kranken Mitschwestern vor der Monstranz versammeln, mit einem pastellfarbenen Fresko zu verzieren.

Was sie da hervorgebracht hat, kann man nur als fürchterlichen Kitsch bezeichnen: Den Tabernakel umschwebt eine wahre Luftflotte pausbäckiger, blondgelockter, eifrig flügelschlagender Engelchen mit Blumenkränzen und Harfen – ein selig schlafendes Himmelswesen, das den Arm auf den Tabernakel gestützt hält, soll Thereschen selbst sein; zumindest meinte das Céline, die das Bild 30 Jahre später erbarmungslos retuschierte, ohne damit die Qualität zu heben. Auf ein Kelchtüchlein, das sie einem im Gebet „adoptierten" Missionar schickte, malte sie ein weites Meer mit einem Schifflein darauf; darüber auf schroffen Felsen eine schneeweiße Taube, die das blutrote Schnäbelchen andächtig zum Himmel reckt, wo im goldenen Strahlenkranz das Christussymbol *IHS* erscheint.

Mehr Geschmack hat sie mit den Gedichten und Liedern bewiesen, die sie etwa für Einkleidungsfeiern oder Weihnachtsandachten schrieb, nach eigenem Bekunden ohne viel Rücksicht auf die Regeln der Dichtkunst und gewiß mit einer Menge sentimentaler Floskeln und abgegriffener Klischees befrachtet – aber beachtliche theologische Aussagen transportierend und vor allem nicht ohne rebellische Pointen. In einem ausufernden Krippenspiel von 1894 treten alle möglichen Engel auf, bis sich am Schluß der Engel des Jüngsten Gerichts ein interessantes Wortgefecht mit dem neugeborenen Jesus liefert: Während der Gerichtsengel getreu seiner Berufsauffassung das Bild eines zürnenden Rachegottes zeichnet, plädiert das Jesuskind dafür, die Sünder nicht zu vernichten, sondern durch Liebe zu verändern.

Oft hat man auch den Eindruck, Thérèse habe den häufig ohne Anerkennung und die Erfahrung menschlicher Wärme jahraus, jahrein ihre Pflicht tuenden Mitschwestern mit poetischen Streicheleinheiten eine Freude machen wollen. Etwa den Sakristaninnen, die ewig nur Hilfsdienste für den Priester verrichten dürfen und die sie mit einem Gedicht aufmuntert:

„Unser Glück und unser Ruhm ist es,
Für Jesus zu arbeiten.
Sein schöner Himmel – das ist der Kelch,
Den wir mit Erwählten füllen wollen!"

Auf Bitten von Schwester Saint-Vincent-de-Paul schreibt sie ihr zum Fronleichnamsfest 1894 einen Liedtext, der sich zunächst ganz konventionell anhört:

„Mein Himmel, er ist in der kleinen Hostie verborgen ...
Diese Liebeseinigung, dieser unaussprechliche Rausch,
Sieh, das ist mein Himmel für mich! ...
Schlummern an Seinem Herzen, Seinem Antlitz ganz nahe,
Sieh, das ist mein Himmel für mich!"

Doch dann gibt es einen kaum merklichen Bruch im Text, und die Autorin verrät, wie es wirklich in ihr aussieht:

„Mein Himmel ist, diesem Gott, den ich anbete, zuzulächeln,
Wenn Er sich verbergen will, um meinen Glauben zu prüfen.
Leiden, darauf wartend, daß Er mich immer wieder anschaut,
Sieh, das ist mein Himmel für mich!"

Schwester Saint-Vincent-de-Paul hat nichts von dem verstanden, was ihr Thérèse möglicherweise anvertrauen wollte. Von ihr stammt jene gefühllose Bemerkung kurz vor Thérèses Tod, diese Schwester habe, bei aller Liebenswürdigkeit, eigentlich nichts geleistet.

Schöne Amazone im Kartonpanzer

1894 tobt ein Sturm nationaler Begeisterung durch Frankreich: Papst Leo hat den Seligsprechungsprozeß für Jeanne d'Arc eingeleitet. Die Republikaner feiern sie als Freiheitsheroine, die Royalisten als Schutzpatronin der sehnsüchtig herbeigewünschten Königsherrschaft, die konservativen Katholiken als Glaubensheldin, und natürlich gehen alle diese Motive ineinander über. Auch bei den Karmelitinnen von Lisieux, die in ihrer abgeschlossenen kleinen Welt von dem patriotischen Taumel nicht unberührt bleiben.

Für Thérèse Martin ist es ein guter Anlaß, sich zum Namenstag ihrer Schwester Pauline – mittlerweile Priorin – erstmals an einem Bühnenstück zu versuchen. Es heißt *Die Mission der Jeanne d'Arc oder Die Hirtin von Domrémy, die ihre Stimmen hört*, strotzt von Pathos und wird mit Thérèse als Hauptdarstellerin aufgeführt. Sie setzt sich eine Perücke auf, näht sich Papierlilien – die Blumen der französischen Könige – auf den Habit und schlüpft in einen Panzer aus Karton: auf den Fotos sieht sie wirklich aus wie eine schöne Amazone, kampflustig und ein wenig traurig zugleich.

Denn ihre Jeanne d'Arc ist keine unbekümmerte Heldin, sondern ein schüchternes, ängstliches Mädchen, das dennoch der Stimme vom Himmel folgt, entschlossen zur radikalen Liebe und zum stellvertretenden Leiden. Jeanne ist Thérèse. Erst recht in dem zweiten Stück, das ein paar Monate später unter dem Titel *Jeanne d'Arc erfüllt ihre Mission* auf die Bühne kommt – und Thérèse in Lebensgefahr bringt, denn Jeannes Scheiterhaufen, von einem Becken mit brennendem Alkohol täuschend nachgebildet, setzt die Kulissen in Flammen; zum Glück kann man das Feuer rechtzeitig löschen –, und in den Gedichten und Hymnen (*Gebet Jeanne d'Arcs im Kerker, Triumphgesang* und andere), die in der Folgezeit entstehen.

Jeanne ist Thérèse, und ihr Kerker in Rouen verwandelt sich in die Klosterzelle von Lisieux:

„Die Stimmen sagten's: Sieh, ich bin gefangen,
Von Dir erwart' ich Hilfe, Herr, allein!
Den alten Vater ließ ich, Dir zuliebe,
mein Blütental, den Himmel blau und rein …
Sieh meinen Lohn: ein finsteres Gefängnis,
Preis meiner Müh', für Tränen und für Blut!"

Doch die Klage weicht sehr bald der Hingabe:

„Herr, um Deiner Liebe willen nehme ich das Martyrium an.
Ich fürchte weder den Tod noch das Feuer …
Sterben um Deiner Liebe willen – nichts anderes will ich mehr.
Ich verlange zu sterben, um mit dem Leben zu beginnen.
Ich verlange zu sterben, um mich mit Jesus zu vereinen."

Im *Gebet Frankreichs an Jeanne d'Arc* spricht dann allerdings weniger die ihre inneren Kämpfe aufopfernde Nonne, sondern die Patriotin, die unter der politischen Demütigung und dem religiösen Niedergang ihres Landes leidet:

„O Jeanne, gedenke deines Vaterlandes …
Gedenke deiner glänzenden Siege …

Ich komme zu dir, die Arme von Ketten beschwert,
Die Stirn verschleiert, die Augen in Tränen gebadet;
Ich bin nicht groß mehr unter den Königinnen,
Und meine Kinder bereiten mir Kummer.
Gott ist nichts mehr für sie! ...
Kehr wieder, beherzte Tochter,
Befreiender Engel,
Ich hoffe auf Dich."

Übrigens bringen ihr die Ausflüge ins Reich der Musen nicht nur Beifall ein. Das Stück *Die Flucht nach Ägypten,* das sie zu Paulines Namenstag 1895 schreibt, mißfällt der Priorin, vielleicht weil die Räuber, die der heiligen Familie auf ihrem Weg in das Exil begegnen, komische Lieder nach der Melodie eines zeitgenössischen Gassenhauers singen. Die Aufführung muß vorzeitig abgebrochen werden. Und als die Karmelitinnen 1896 am Fest der Unschuldigen Kinder andächtig ein Lied anstimmen, das Thérèse – sie hat nur noch wenige Monate zu leben – zum Gedenken an ihre verstorbenen kleinen Geschwister getextet hat, verläßt die wieder zur Priorin erhobene Marie de Gonzague demonstrativ das Zimmer und macht eine spitze Bemerkung über die Eitelkeit dichtender Nonnen.

Eine Rüge vom Vatikan

Gefühlsüberschwang und Pathos verzeihen wir der kleinen Nonne freilich gern, denn zum einen war die *Belle Epoque* nicht gerade eine nüchterne Zeit, zum andern ist eine unbändige Leidenschaft geradezu das Markenzeichen ihrer Frömmigkeit.

Denn die Liebe hat ihre eigene Logik, die das Ende allen zaghaft-vernünftigen Abwägens bedeutet. Thérèse:

„Es gehört zur Liebe, daß sie alles opfert, nach allen Seiten ausgibt, kreuz und quer, gerade und ungerade, sich verschwendet,

*niemals rechnend, die Hoffnung auf Früchte vernichtet, indem
sie die Blüten pflückt. Die Liebe gibt alles. Aber wir, ach, wir
geben nur nach Überlegung, wir zögern, unseren Vorteil zu
opfern – das heißt nicht Liebe, denn Liebe ist blind, sie ist ein
wilder Sturzbach, der nichts übrig läßt, wo er dahinbraust."*

Im Grunde habe sie keinen anderen Wunsch als den, „den
lieben Gott geliebt zu sehen", gestand sie am Ende ihres
kurzen Lebens, „und ich bekenne, wenn ich im Himmel
nicht mehr daran arbeiten dürfte, wäre mir die Verbannung lieber als die Heimat!" Unbedachte Schwärmerei?
Oder das fast unheimlich konsequente Zu-Ende-Denken
dessen, was Liebe heißt?

Wenn Christus im Evangelium sagt, der liebe am meisten, dem die größte Schuld vergeben worden sei – davon
war oben bereits die Rede –, und wenn Thérèse in sich
soviel Liebe zu Christus spürt – was kann das anderes
bedeuten, als daß sie eine große Sünderin ist, der er „im
voraus" schon alles vergeben hat?

Den beamteten Glaubenshütern ließen solche kühnen
Gedankengänge natürlich die Haare zu Berge stehen! Als
im Vorfeld der Heiligsprechung Thérèses hinterlassene
Schriften vom *Heiligen Offizium* – der früheren Inquisition
und heutigen Kongregation für die Glaubenslehre – ge-
prüft wurden, machte den Vatikantheologen vor allem ihr
Weiheakt an die barmherzige Liebe Kopfzerbrechen, denn er
ist nicht wie ein kirchenrechtlich korrekter Vertrag verfaßt, sondern wie das atemlose Gestammel eines grenzenlos Liebenden.

Die Glaubensbehörde aber verfiel dem Irrtum, man
könne in einer Liebeserklärung Fehler anstreichen wie in
einem Schulaufsatz. Sie rügte unter anderem Thérèses Bekenntnis „unermeßlicher Wünsche" – obwohl das bereits
eine Abschwächung ihrer ursprünglichen Formulierung
„unendliche Sehnsüchte" darstellte; ein vorsichtiger Priester hatte sie darauf aufmerksam gemacht, das Adjektiv
„unendlich" sei dem absoluten Gott vorbehalten – und

die naive Bitte an den Vater im Himmel: „Nimm mir die Freiheit, Dir mißfallen zu können!" Das widerspreche dem christlichen Menschenbild.

Zum Glück fiel die bezaubernde „Hochzeitseinladung", mit der die 17jährige im Oktober 1890 – kurz nach der Profeß – ihre Vermählung mit Christus anzeigte, einem weniger verknöcherten vatikanischen Monsignore in die Hände. Man hätte ihr sonst posthum noch einen Ketzerprozeß wegen Blasphemie machen können. Aber vielleicht besaß der Zensor, der dieses zur Erbauung der Novizen bestimmte Schriftstück zu beurteilen hatte, Humor und Weisheit genug, den Charme dieser „Einladung" zu verstehen – und die unbefangene Liebe einer jungen Ordensfrau zu einem lächelnden Himmelskönig. Der Text lautet:

„Gott der Allmächtige, Schöpfer Himmels und der Erde, Alleiniger Herrscher der Welt, und die Glorreiche Jungfrau Maria, Königin des himmlischen Hofes, beehren sich, Ihnen die Vermählung anzuzeigen ihres Erhabenen Sohnes Jesus, König der Könige und Herr der Herren, mit Fräulein Thérèse Martin, nunmehrige Edelfrau und Prinzessin der Reiche, die ihr von ihrem göttlichen Bräutigam als Mitgift dargebracht wurden, nämlich: die Kindheit Jesu und seine Passion, woher ihre Adelstitel: vom Kinde Jesus und vom Heiligsten Antlitz."

Eine ähnliche Bekanntmachung erfolgt seitens des kranken Vaters Martin, „Besitzer und Herr der Grafschaften vom Leiden und von der Verdemütigung", und der verstorbenen Mutter Martin, „Prinzessin und Ehrendame am Himmlischen Hofe". Das liebenswürdige Wortspiel endet mit biblischen Anklängen in schauerlichem Ernst:

„Da wir Sie zur Trauung, die auf dem Berge Karmel am 8. September 1890 stattfand, nicht einladen konnten – nur der himmlische Hof hatte Zutritt –, so werden Sie doch gebeten, sich zum Empfang nach der Hochzeitsreise einzufinden, der morgen, am Tage der Ewigkeit, stattfinden wird, an welchem Tage Jesus, der

Sohn Gottes, auf den Wolken des Himmels kommen wird, im Glanze seiner Herrlichkeit, um zu richten die Lebendigen und die Toten. Da die Stunde noch unbestimmt ist, werden Sie eingeladen, sich bereit zu halten und zu wachen."

„Das Zeug, das man uns erzählt, hilft mir nicht"

Unmerklich, ohne öffentlichkeitswirksames Getöse, hat sich die blutjunge Karmelitin immer stärker von den gängigen Frömmigkeitsmustern emanzipiert – das ist wieder eines der vielen Wunder in diesem kurzen Leben, denn dabei stützt sie sich nahezu ausschließlich auf das Evangelium. Auf einen männlichen „Seelenführer" kann sie verzichten. Im Gegensatz zu sämtlichen weiblichen Heiligen der Epoche hört man bei ihr fast nie vom Rat eines Beichtvaters. Kontakt zu Priestern scheint sie kaum gesucht zu haben – mit zwei Ausnahmen: Dem weitherzigen Pater Pichon, einer verwandten Seele, schrieb sie regelmäßig nach Kanada. Und ein Exerzitienmeister namens Alexis Prou, ein Franziskaner, der viel lieber über Gottes liebevolle Barmherzigkeit sprach als über die Sündhaftigkeit von Ordensschwestern, hat ihr zu Beginn ihres Klosterlebens sehr geholfen; es war Marie de Gonzague, die weitere Gespräche mit Pater Alexis verhinderte.

Fromme Literatur schätzt die einstige Leseratte Thérèse immer weniger; all die Erbauungsbücher und die formelhaften Gebete verursachten ihr nur Kopfweh, sagt sie einmal. Nachdenklich steht sie vor einem Riesenregal mit theologischen Wälzern und seufzt, sie wäre wohl recht „trübselig", wenn sie all das gelesen hätte. Ihre Begründung klingt entwaffnend: „Hätte ich sie gelesen, so hätte ich mir dabei den Kopf zerbrochen und kostbare Zeit verloren, die ich ganz einfach dazu hätte verwenden können, den lieben Gott zu lieben …!"

Ihr Wunsch ist schlicht und ungeheuer anspruchsvoll zugleich: Statt *über* Jesus zu lesen und zu meditieren, will sie *mit* Jesus reden und *in* Jesus leben! Wozu sekundäre Ratgeber befragen, wenn er selbst zur Verfügung steht? „Wer hat Sie nur Ihren kleinen Weg der Liebe gelehrt?" wird in späteren Jahren eine Mitschwester fragen, durchaus respektvoll, und die – bei Thérèses sprichwörtlicher Bescheidenheit überraschende – Antwort erhalten:

> *„Jesus ganz allein hat mich unterwiesen, nicht ein einziges Buch, nicht ein Theologe hat mich belehrt, und doch weiß ich im Grund meines Herzens, daß ich in der Wahrheit bin."*

Fromme Märlein lehnt sie ab: „Was mir wohltut, was mir hilft, das ist gar nicht das Zeug, das man uns erzählt", stellt sie souverän fest.

> *„Zum Beispiel, daß das Jesulein Vögelchen aus Lehm knetete und sie anhauchte und daß sie lebendig wurden. Nein, solch unnütze Wunder hat das Jesuskind nicht gewirkt! Warum sind sie* [die heilige Familie auf der Flucht vor Herodes] *dann nicht einfach durch ein Wunder nach Ägypten versetzt worden? Das wäre wenigstens nützlich gewesen und möchte einem doch für den lieben Gott leicht erscheinen – in einem Augenzwinkern wären sie dort gewesen! Aber nein, so war es nicht, ihr Leben war ganz wie das unsere."*

Scheu und selbstbewußt zugleich, verweigert sie sich den rührseligen Heiligenlegenden – „Kämen die Heiligen wieder und teilten uns ihre Eindrücke mit über das, was man von ihnen schreibt, dann wären wir wohl sehr überrascht" –, dem zeitgenössischen Herz-Jesu-Kult mit seinen triumphalen Glaubensdemonstrationen – „Du weißt, daß ich das heilige Herz nicht wie alle sehe", schreibt sie an Céline; sie spreche lieber in der Einsamkeit zu ihm – und auch der schwülstigen Marienfrömmigkeit ihrer Epoche.

Auf dem Sterbebett stellt sie trocken fest: „Alle Predigten, die ich über Maria gehört habe, ließen mich kalt. Wie gerne wäre ich Priester gewesen, um über die seligste Jungfrau zu predigen! ... Ich hätte vor allem gezeigt, wie wenig wir eigentlich von ihrem Leben wissen. Man dürfte nicht unwahrscheinliche Sachen über sie erzählen ... Man errät doch gut, daß ihr wirkliches Leben, in Nazaret und später, ganz gewöhnlich gewesen sein muß."

Genauso müsse man es aber auch schildern. „Man zeigt uns die seligste Jungfrau unerreichbar", kritisiert Thérèse, „man müßte sie nachahmbar zeigen, verborgene Tugenden übend, man müßte sagen, daß sie wie wir aus dem Glauben gelebt hat ..." So müßte man von Maria reden, daß die Menschen Lust darauf bekämen, sie zu lieben! Thérèse drastisch: „Wenn man bei einer Predigt über die Mutter Gottes vom Anfang bis zum Ende gezwungen wird, vor Staunen nach Luft zu schnappen – lauter Ach! und Oh! –, hat man bald genug", und das führe weder zur Liebe noch zur Nachahmung, sondern bloß zur „Entfremdung von einem derart überlegenen Geschöpf".

Dabei ist Thérèse zeit ihres Lebens von einer zärtlichen Liebe zur himmlischen Mutter erfüllt; die letzten Zeilen, die sie je geschrieben hat, kritzelte sie am 8. September 1897, wenige Tage vor ihrem elenden Sterben, mit zitternder Hand unter ein Marienbild: „O Maria, wenn ich die Königin des Himmels wäre und du wärest Thérèse, dann möchte ich Thérèse sein, damit du die Himmelskönigin sein kannst." Schöner hätten es die größten Mystikerinnen des Mittelalters auch nicht sagen können.

Eine Feministin im Karmel?

An der Wende zum 20. Jahrhundert spielt sich eine Revolution in der christlichen Frömmigkeitsgeschichte ab. Ein ewig lang fraglos akzeptiertes, pädagogisch und machtpolitisch recht nützliches, aber verzerrtes Gottesbild wird verabschiedet und ein biblisch gut begründeter, aber verschütteter Zugang zu Gott wiederentdeckt. Es ist, als dränge jemand mit sanfter Gewalt den schrecklichen

Engel mit dem Flammenschwert zur Seite und stoße die verschlossene Tür zum Paradies weit auf. Es ist kein genialer Theologe mit einem Jahrhundertwerk und kein Papst mit einer Enzyklika, der diese Revolution vollbringt, sondern eine stille, gerade erwachsen gewordene Nonne in einem französischen Provinzkloster: Thérèse von Lisieux.

Die vielen Freundinnen und Verehrer der großen kleinen Nonne haben immer schon begriffen, daß darin ihre zentrale Bedeutung liegt. „Seit zwei- oder dreihundert Jahren", erklärte 1936 die widerborstig-katholische Dichterin Marie Noël, „wurde Frankreich lediglich von strengen Lehrern indoktriniert, die predigten, drohten, straften, so daß das Land begann, Gott den Rücken zuzuwenden wie einem alten, unangenehmen Schulmeister. Das Land ging die Schule schwänzen. Um es wieder zurückzugewinnen, sandte Gott ein kleines Mädchen mit einem Korb voll Rosen."

Gegen die eben erwähnten Drohpredigten setzt Thérèse Martin die Botschaft von Gottes rettender, bedingungsloser Liebe. Sogar so menschenfreundliche, grenzenlos gütige Seelsorger wie der wenige Jahrzehnte zuvor gestorbene Pfarrer Vianney von Ars pflegten Sonntag für Sonntag vom ewigen Verderben zu wettern. Vianney: „Ihr seid alle schon in der Hölle angemeldet, ihr habt eure Fahrkarten schon lange bezahlt!" Und für die französischen Karmelitinnen des 19. Jahrhunderts war es eine Lieblingsbeschäftigung, sich zur Sühne der zahllosen Sünden ihrer Mitmenschen und für deren Errettung vor der Verdammnis aufzuopfern.

Im selben Jahr 1894, als ganz Frankreich von Jeanne d'Arc sprach, wurde auch die hundertste Wiederkehr des Massakers von Compiègne gefeiert, und Thérèse nähte Fähnchen für die Jubelfeier. Dort in Compiègne hatten die Blutrichter der Revolution 16 Karmelitinnen auf die Guillotine geschickt. Wie Gertrud von le Fort in ihrer bereits genannten Novelle *Die Letzte am Schafott* schildert, nahmen alle das Martyrium freudig auf sich, um für die jakobinischen Greuel Sühne zu leisten.

„Leistung"; fromme Akte, um den Zorn des Himmels zu besänftigen; Vergleichsrechnungen zwischen menschlicher Schuld und Frömmigkeit – darauf kommt es in Thérèses Gottesbild eben nicht an. Nicht in der Angst vor Gottes Rache soll die Antwort auf die furchtbare Realität des Kreuzes bestehen, sondern in Liebe und Treue. Thérèse nimmt ihre beiden Ordensnamen sehr ernst: Dem schwach und hilflos gewordenen Kindgott in der Krippe kann man nicht mit Sühneopfern und Aufrechnungen begegnen, sondern nur mit ungestümer Liebe. Und konfrontiert mit dem Gesicht des kreuztragenden Jesus, blutiggeschlagen, naßgeschwitzt, schmutzig, gezeichnet von Todesangst und Hingabe zugleich, gibt es auch nur eine einzige mögliche Reaktion: Liebe, dankbare, beschämte, entschlossene Liebe.

Im ausgehenden 20. Jahrhundert haben ausgezeichnet geschulte Theologinnen in ihren perfekt ausgestatteten Universitätsinstituten die Bibel und die ganze christliche Tradition durchforscht und die vergessenen Spuren einer faszinierenden weiblichen Gotteserfahrung wiederentdeckt. Der Glaube der Christen ist durch sie zweifellos reicher und ihre Liebe glaubwürdiger geworden. Doch nicht einmal hundert Jahre früher hat eine ziemlich ungebildete französische Karmelitin – mit lediglich fünf Jahren Schulbesuch – denselben Schatz gehoben.

„Du, der Du es verstandest, das Herz der Mütter zu schaffen",
so redet sie Gott an, „in Dir finde ich den zärtlichsten aller
Väter. Für mich ist Deines Herzens Liebe mehr als mütterlich."

Dabei besaß Thérèse Martin nicht einmal eine vollständige Bibel! Die Schriftlesung wurde bei den Katholiken damals nicht besonders geschätzt und beschränkte sich meist auf das Sonntagsevangelium. Doch als Céline in den Karmel eintrat, brachte sie ein Heft mit, in das sie sich verschiedene Abschnitte aus dem Alten Testament abgeschrieben hatte. Thérèse entdeckte hier einen Text des Propheten Jesaja, der für ihre Gottesbeziehung zentral werden sollte:

„Wie eine Mutter ihr Kind liebkost, so will ich euch trösten; an meiner Brust will ich euch tragen und auf meinen Knien euch wiegen!" (66,12f)

Angesichts einer solchen Zusage – hier in alter Übersetzung wiedergegeben, die moderne „Einheitsübersetzung" läßt den Text viel nüchterner klingen – könne man nur noch „vor Dankbarkeit und Liebe weinen", wird Thérèse später in der Autobiographie gestehen. Der einzige Weg zum „Glutofen" der Liebe Gottes sei offenbar „die Hingabe des kleinen Kindes, das angstlos in den Armen seines Vaters einschläft". Als sie schon schwer krank und depressiv ist, beobachtet sie einmal eine weiße Henne mit ihren Küken im Klosterhof und denkt in einer plötzlichen Aufwallung von Glück daran, „daß der liebe Gott dieses Gleichnis im Evangelium gebraucht, um uns Seine Zärtlichkeit glaubhaft zu machen".

Nein, sie braucht keine Gebetsformeln und Andachtsbücher. „Ich mache es wie die Kinder, die noch nicht lesen können, ich sage dem lieben Gott ganz einfach, was ich Ihm sagen möchte, und immer versteht Er mich." *Papa le bon Dieu* sagt sie, der gute Papa Gott, mit dem unbefangenen Vertrauen eines Kindes, und sie kennt die beiden einzigen Schwächen des Weltenschöpfers: „Er ist blind und kann nicht rechnen!"

Die heilige Theresia von Lisieux eine Feministin? Vom ohnmächtigen Kampf der frühen Frauenrechtlerinnen wird sie kaum etwas mitbekommen haben, erst recht nicht von den Vorbereitungen für die erste katholische Frauenzeitschrift *Le Féminisme chrétien,* deren erste Nummer wenige Wochen vor ihrem Tod erschien und die das Eintreten für freie Berufswahl und gerechte Löhne leider mit wildem Chauvinismus und Antisemitismus verband.

Aber es läßt tief blicken, daß sich schon die 14jährige auf ihrer Romreise über die Behandlung der Frauen aufregt.

Dauernd habe man sie am Eintritt in irgendwelche Heiligtümer gehindert: „Hier dürfen Sie nicht hinein ... dort dürfen Sie nicht hinein ... Oh, die armen Frauen, wie sind sie doch verachtet! ... Und doch lieben sie den lieben Gott in viel größerer Zahl als die Männer, und während der Passion unseres Herrn zeigten die Frauen mehr Mut als die Apostel ... Im Himmel wird er deutlich zeigen, daß seine Gedanken nicht die der Menschen sind, denn dann werden die letzten die ersten sein!"

In Thérèses Beziehung zu Gott verbindet sich das Vertrauen eines Kindes mit der Souveränität einer Liebhaberin. Gewißheiten, Garantien hat sie nicht nötig. Sie liebt, das genügt. Sie spürt heute, daß sie wiedergeliebt wird – wozu sich um das Morgen sorgen?

„Ich liebe Dich, Jesus, ich sehne mich nach Dir,
Sei für einen einzigen Tag meine Stütze.
Komm, sei der König meines Herzens,
Schenke mir Dein Lächeln!
Nur für heute.
Es macht mir nichts aus, Herr,
Wenn die Zukunft im Dunkel liegt.
Dich für morgen bitten,
Nein, das kann ich nicht.
Bewahre rein mein Herz,
Dein Schatten bedecke mich.
Nur für heute.
Träume ich von morgen,
Fürchte ich meine Unbeständigkeit,
Fühle ich in mir Langeweile
Und Traurigkeit aufkommen.
Doch ich will die Prüfung und das Leid:
Nichts anderes für heute ...
An Deinem göttlichen Herzen
Vergesse ich das Vergängliche,

In der Nacht fürchte ich mich nicht mehr.
Gib mir, Jesus, einen Platz in Deinem Herzen,
Nur für heute ...
Herr, ich möchte Dich ohne Schleier sehen,
Noch bin ich im Exil, fern von Dir.
Zeige mir Dein liebevolles Gesicht,
Nur für heute.
Bald fliege ich fort, Dich zu loben,
Wenn der Tag ohne Abend über mir aufgeht,
Dann will ich singen
Und spielen auf dem Instrument des Himmels,
An jenem immerwährenden Heute."

Am Jahrestag ihrer Profeß, dem 8. September 1896 – sie hat noch ein Jahr zu leben – schreibt sie ein Glaubensbekenntnis nieder, das wie ein Liebeslied klingt: Worte eines tapferen Glücks auf dem Höhepunkt ihrer Glaubenszweifel und quälenden Depressionen:

„O Jesus, mein Vielgeliebter! Wer vermöchte zu sagen, mit welcher Zärtlichkeit, welcher Milde Du meine kleine Seele führst! Auf welche Art es Dir gefällt, mitten im düstersten Sturm Deine Gnade leuchten zu lassen! Jesus, das Gewitter tobte gar heftig in meiner Seele ... Ich dachte an die geheimnisvollen Träume, die manchmal den Seelen gewährt werden, und sagte mir, dies müsse ein gar schöner Trost sein. Doch ich bat nicht darum. Noch am Abend, da ich die Wolken betrachtete, die den Himmel bedeckten, sagte sich meine kleine Seele, daß die schönen Träume nicht für sie gemacht seien. Und dann schlief ich mitten im Gewittersturm ein ..."

„All unsere Gerechtigkeit ist befleckt in Deinen Augen"

„Ich danke Dir, o mein Gott, für alle Gnaden, die Du mir gewährt hast!, ganz besonders dafür, daß Du mich durch die Feuerprobe des Leidens hindurchgehen ließest ... Um in einem

Akt vollkommener Liebe zu leben, weihe ich mich als Ganz-Brandopfer Deiner barmherzigen Liebe und flehe Dich an, mich unablässig zu verzehren. Laß in meine Seele die Ströme unend-licher Zärtlichkeit überfließen, die in Dir beschlossen sind, da-mit ich eine Märtyrerin Deiner Liebe werde, o mein Gott!"

Ganz konventionell, im schwülstigen Frömmigkeitsstil der Zeit, ist dieser *Weiheakt an die Barmherzige Liebe* vom 9. Juni 1895 formuliert. Tausende Ordensfrauen haben sich auf solche Weise für die Sünder aufgeopfert und Gott in einem unbedachten oder auch bewußten Heroismus angeboten, Zorn und Strafe lieber auf sie herabregnen zu lassen: Erlösung durch Stellvertretung.

Thérèse Martin nimmt die gängige Praxis auf – und kehrt sie ins Gegenteil um. Denn versteckt in ihrem Weiheakt findet sich die komplette Ablehnung dieser vor allem im Karmel hochgeschätzten Sühnetradition. Thérèse freut sich auf die ewige Heimat. „Aber ich will keine Verdienste für den Himmel anhäufen", stellt sie klar, „ich will einzig um Deiner Liebe willen arbeiten, in der alleinigen Absicht, Dich zu erfreuen, Dein Heiligstes Herz zu trösten und Seelen zu retten, die Dich ewig lieben werden." Und dann folgen die entscheidenden Sätze:

„Am Abend dieses Lebens werde ich mit leeren Händen vor Dir erscheinen, denn ich bitte Dich nicht, Herr, meine Werke zu zählen. All unsere Gerechtigkeit ist befleckt in Deinen Augen. Ich will mich also mit Deiner eigenen Gerechtigkeit beklei-den und von Deiner Liebe den ewigen Besitz Deiner selbst empfangen."

Ein Wunsch, der sich eklatant von den üblichen „Weihe-akten" unterscheidet. Statt einer Anhäufung frommer Akte einfach die Liebe. Statt Leistung Vertrauen. Weil die „Gerechtigkeit" der Menschen – ihre Versuche, sich und anderen Verzeihung und Gnade zu verdienen – in Gottes Augen immer und grundsätzlich „befleckt" ist, setzt sie von vornherein nicht auf die eigenen Aktivitäten, sondern auf seine Güte, will sie mit leeren Händen vor ihm erscheinen.

Unversehens wandelt sich Gottes Gerechtigkeit bei dieser schlicht-genialen Theologin in eine Funktion seiner Barmherzigkeit. Denn durch sie erscheint ihr alles an Gott „strahlend von Liebe; selbst die Gerechtigkeit (und sie vielleicht noch mehr als alles andre) scheint mir mit Liebe bekleidet … Welch süße Freude, zu denken, daß Gott gerecht ist, daß heißt, daß Er unserer Schwäche Rechnung trägt, daß Er um die Gebrechlichkeit unserer Natur genau weiß. Wovor sollte ich mich also fürchten?"

Den Himmel kann man sich nicht verdienen, man bekommt ihn geschenkt. Diese urchristliche, aber in der Geschichte christlicher Frömmigkeit verschüttete Erkenntnis nimmt dem schüchternen, skrupulösen Kind, das Thérèse einmal gewesen ist, die Angst und gibt ihm ein verwegenes Vertrauen. Im Mai 1897, vier Monate vor ihrem Tod, spricht sie mit ihrer Schwester Pauline über die Zukunft: O ja, sie freue sich darüber, bald in den Himmel zu kommen. Aber sie werde Gott wohl in große Verlegenheit bringen beim Gericht über ihr Leben: „Ich habe keine Werke! Er wird mir also nicht nach meinen Werken vergelten können … Ach was! Er wird mir eben nach *seinen* Werken vergelten!"

Was die großen Mystikerinnen und Theologen oft erst nach einem langen Leben begriffen haben – wenn sie es überhaupt erfaßten –, das erkennt die Karmelitin Thérèse bereits an der Schwelle zur Volljährigkeit: Die Nähe zu Gott wächst mit der Armut. Denn nur wer nichts besitzt, kann sich etwas schenken lassen. Nur eine vom selbstgerechten Vertrauen auf eigene Leistungen und menschliche Sicherheiten leere Seele kann Gott mit seiner Kraft füllen.

Ihrer Schwester Céline erteilt Thérèse eine schmerzliche Lektion, als diese nach ein paar Monaten Karmelaufenthalt bei ihr ein Gedicht bestellt, das ihre sämtlichen Opfer und Entsagungen schildern und Christus am Ende jeder Strophe unmißverständlich auffordern soll: *Rappelle-toi!* – „O denk daran!" Thérèse schreibt das gewünschte Gedicht, 36 Strophen lang, und sie wiederholt auch brav 36 mal den Refrain, aber statt der Entbehrungen der Klosteranfängerin Céline malt sie die Passion und die furchtbaren Schmerzen Christi aus und ermahnt die Novizin nach jeder Strophe: „O denk daran!"

Ein mühsames Voranstolpern im Vertrauen auf Gottes Güte, Thérèse betont es immer wieder, kann wertvoller sein als jede selbstgefällig verbuchte Tugendleistung. Ach, wie gern hätte sie viel mehr Energie, um die Tugend üben zu können, seufzt eine Novizin ganz niedergeschlagen. „Und wenn der liebe Gott Sie schwach und ohnmächtig wie ein Kind haben will?" setzt Thérèse dagegen. Sie soll doch einfach in die eigene Schwäche einwilligen, „Ihre Seele wird daraus mehr Nutzen ziehen, als wenn Sie, von der Gnade getragen, schwungvoll heroische Taten vollbrächten, die Ihre Seele mit persönlicher Befriedigung und mit Hochmut erfüllen würden!"

„Wenn ich bedenke, was ich noch alles erringen muß!" jammert eine andere Novizin. „Sagen Sie doch lieber: verlieren!" korrigiert Thérèse. „Sie wollen einen Berg erklettern, und Gott will, daß Sie herabsteigen." Wer sich zu sehr auf die eigenen Fähigkeiten verlasse, sagt sie einmal zu Céline, „der stützt sich auf rotglühendes Eisen – stets bleibt eine kleine Narbe zurück".

Thérèse weiß sehr wohl um die Gefahr, die auf ihrem neuen Weg lauert: Mit dem Verzicht auf Leistung, Machen, Verdienen lassen sich Trägheit und Flucht vor der Verantwortung verklären. Aber sie will ja nicht, daß man nichts tut; sie will nur nicht, daß man stolz auf das eigene Tun ist. Denn alle Menschenkraft ist Gottesgeschenk. „Wäre in unserem Fallen nicht so oft etwas, das Gott beleidigt", bemerkt sie in einem verwegenen Gedankengang, „man müßte es absichtlich tun, um in der Demut zu bleiben!"

5

Der Weg:
„Ich möchte den Fahrstuhl
zum Himmel finden"

„Mit meinem Gott
überspringe ich Mauern"

PSALM 18

„Niemals wird es den Geschöpfen auf der Erde offenbar", schreibt sie einer Mitschwester in einem jener kleinen Briefchen, die im Karmel kursierten, „aber wenn das Lamm das Buch des Lebens öffnet, welche Verwunderung für den Himmlischen Hof, wenn er mit den Namen der Missionare und Märtyrer den Namen von armen und kleinen Kindern verkünden hört, die niemals aufsehenerregende Taten vollbrachten ... Ich fahre mit dem Ausbessern der schadhaften Brustschleier fort."

Der weltläufige Literat Julien Green, einer der vielen Verehrer Thérèses unter den Intellektuellen, hat sie gut beobachtet. „In jeder Situation", sagt er, „sieht sie eine Beute, auf die sich stürzt. Dabei verleiht sie ihr eine bestimmte Frische ... Sie hat niemals Christus zu sich sprechen hören, sie erhielt keine sogenannten Tröstungen, sie versteht nur das Evangelium ... richtig, aber sie hat die Unendlichkeit im Herzen."

Die beiden Zitate deuten an, was mit dem *kleinen Weg* gemeint ist, der bei Thérèse nicht als ausformulierte Theorie erscheint, sondern in ihren vielen Briefen und der Autobiographie, in Gesprächsfetzen und zufälligen Bemerkungen immer klarere Konturen gewinnt: statt mystischer Höhenflüge die Heiligung des banalen Alltags. Nicht vom Außergewöhnlichen träumen, sondern das Gewöhnliche mit Liebe tun. Statt große Pläne für die Zukunft zu schmieden, mutig den nächsten Schritt wagen. Nicht ständig von der Liebe zu Gott reden und darüber die Bedürfnisse des Mitmenschen vergessen, in dem Gottes Ansprüche schmerzhaft konkret werden. „Ja, das Leben ist ein Schatzkästchen", bemerkt sie nachdenklich, „jeder Augenblick ist eine Ewigkeit."

Unwirsch kann sie reagieren, wenn es um die überspannten Erwartungen an eine Klosterexistenz geht. „Ich habe keine Lust, nach Lourdes zu fahren, um Ekstasen zu erleben", stellt sie klar. „Ich ziehe monotone Opfer vor!" Ein akribischer Kenner ihrer Schriften hat in 45 Briefen exakt 51 Zitate aus den Evangelien gezählt und es höchst interessant gefunden, daß sich darunter keine einzige Bezugnahme auf die Wunder Jesu findet: „Theresias Spiritualität ist keine Spiritualität des Außerordentlichen, sondern des geheiligten Alltags."

Anders als die meisten mystisch begabten Pioniergestalten in den Klöstern des 19. Jahrhunderts verweist Thérèse Martin nie auf religiöse Ausnahmeerfahrungen, Visionen, Stimmen vom Himmel. Die nächtliche Erscheinung der legendären Anna von Jesus, die den ersten Karmel in Frankreich gegründet hat, entpuppt sich als ganz normaler Traum, und der Dialog zwischen Thérèse und der Lichtfigur ist bezeichnend: „Meine Mutter, sagen Sie mir, ist der liebe Gott mit mir zufrieden?" fragt Thérèse kleinlaut. „Verlangt er nichts anderes von mir als die armseligen Kleinigkeiten, die ich tue, und meine Sehnsucht?" Da begann das Antlitz der Himmelsgestalt zu strahlen, sie streichelte die Wangen ihrer schüchternen Mitschwester und beruhigte sie, der liebe Gott sei zufrieden mit ihr, „sehr zufrieden!"

Das Gleichnis vom Fahrstuhl

Thérèse untertreibt regelmäßig, wenn sie von ihrem „kleinen Weg" erzählt:

> „Wenn ich nichts fühlen kann, wenn ich ganz trocken bin, unfähig zu beten, die Tugend zu üben, dann suche ich winzige Anlässe, richtige Nichtse, um Jesus Freude zu machen. Zum Beispiel ein Lächeln, ein freundliches Wort, wenn ich lieber schweigen oder eine verdrießliche Miene aufsetzen möchte."

Banale Selbstverständlichkeiten, möchte man meinen, kleine Gesten, die zum menschenwürdigen Umgang miteinander gehören. Aber hinter all den Kleinigkeiten verbirgt sich eine aufs Wesentliche zentrierte Frömmigkeit, die lautere, von Phrasen und Ablenkungsmanövern befreite Nachfolge Jesu, die reine, auf den Punkt gebrachte Liebe. Heilig, das zeigt dieses exemplarische Leben, wird man nicht durch absonderliche Talente und heldenhafte Aktionen. Heilig ist der Mensch, der immer und überall in der Nähe Gottes lebt.

Eine Heilige habe sie von Anfang an werden wollen, gesteht Thérèse in ihrer Selbstbiographie, an die Priorin Marie de Gonzague gewandt. „Aber ach! Wenn ich mich mit den Heiligen verglich, stellte ich stets fest, daß zwischen ihnen und mir derselbe Unterschied besteht wie zwischen einem Berg, dessen Gipfel sich in die Himmel verliert, und dem unscheinbaren Sandkorn, über das die Füße der Leute achtlos hinwegschreiten."

Doch Gott gebe den Menschen keine unerfüllbaren Wünsche ein, argumentiert sie in ihrer charakteristischen Verbindung von Bescheidenheit und pfiffigem Selbstbewußtsein – also dürfe sie trotz ihrer Kleinheit nach Heiligkeit streben. „Mich größer machen ist unmöglich ..., aber ich will das Mittel suchen, in den Himmel zu kommen, auf einem kleinen Weg, einem recht geraden, recht kurzen, einem ganz kleinen neuen Weg." Für diesen kurzen Weg zu Gott erfindet sie – selbst ganz begeistert von ihrem Einfall – das Gleichnis vom Fahrstuhl, der bei den reichen Leuten so vorteilhaft die Treppe ersetze. Thérèse:

„Auch ich möchte einen Aufzug finden, der mich zu Jesus emporhebt, denn ich bin zu klein, um die beschwerliche Treppe der Vollkommenheit hinaufzusteigen. Ich suchte daher in den heiligen Büchern nach einem Hinweis auf den Fahrstuhl, den ich begehrte, und ich stieß auf die aus dem Munde der Ewigen Weisheit kommenden Worte: ‚Ist jemand ganz klein, so komme er zu mir.'"

Dieses Zitat aus den Sprüchen Salomos kombiniert sie mit dem uns schon bekannten Jesaja-Vers vom mütterlichen Gott und jubelt: „Der Fahrstuhl, der mich bis zum Himmel emporheben soll, deine Arme sind es, o Jesus! Dazu brauche ich nicht zu wachsen, im Gegenteil, ich muß klein bleiben, ja, mehr und mehr es werden."

Abbé Maurice Bellière von den Weißen Vätern ist als Missionar in Algerien tätig, Thérèse hat ihn auf den Rat der Priorin als ihren „geistlichen Bruder" adoptiert – wie auch den China-Missionar Adolphe Roulland – und schreibt ihm zahlreiche mutmachende Briefe. Kurz vor dem Tod nimmt sie Bellière gegenüber das Gleichnis vom Fahrstuhl noch einmal auf und stellt es der Stufenleiter zur Vollkommenheit gegenüber – einer in fast allen Weltreligionen, von den alten Ägyptern bis zu den japanischen Buddhisten, aber auch in der christlichen Frömmigkeitsgeschichte hochgeschätzten Tradition. Bei Abbé Maurice vermutet sie eine verwandte Seele, denn auch sie scheine berufen, „sich mit dem Aufzug der Liebe zu Gott zu erheben und nicht, die steile Leiter der Furcht zu erklimmen". Es sei wie bei zwei mutwilligen Kindern: Das eine laufe aus Furcht vor Strafe zitternd vor dem Vater davon, das andere werfe sich einfach in seine Arme!

Die Konsequenzen sind klar: Thérèse hütet sich davor, sich interessant zu machen. So unauffällig, so unscheinbar lebt sie ihr eintöniges Klosterleben zwischen den anderen Schwestern, daß die sie bis in die letzten Monate hinein für eine ganz durchschnittliche, vielleicht sogar ziemlich unbedarfte Person halten. Aber gerade das wünscht sie sich, nichts ist ihr so zuwider wie die Egomanie mancher frommer Opferseelen. Im Gespräch mit einem Priester hat sie einmal ein überraschendes Motiv für die Selbstbeherrschung genannt, mit der sie körperliche Qualen und seelische Nöte unter einem sanften Lächeln zu verbergen pflegte: Höflichkeit!

„Ich bemühe mich", erläuterte sie damals, „mit der Gnade Gottes, niemals andere mit den Prüfungen zu belasten, die Gott mir zu schicken für gut hält." Als Novizenbetreuerin wurde sie gegenüber dem Ordensnachwuchs noch deutlicher: „Es tut dem lieben Gott ohnehin leid genug, ihm, der uns so liebt, daß er uns auf Erden prüfen muß – auch ohne daß wir ihm dauernd erzählen, wie schwer es uns fällt! Darum darf man sich's nicht anmerken lassen, daß man es merkt ..." Höflichkeit auch Gott gegenüber: Wer außer Thérèse konnte auf einen solch charmanten Gedanken kommen?

Brennesseln zum Geißeln und ein schöner Karpfen

„Klein bleiben", so buchstabiert es Thérèse, heißt: „sein Nichts anerkennen, alles vom lieben Gott erwarten, sich nicht zu sehr über seine Fehler betrüben. Schließlich: sich keine besonderen Verdienste aufspeichern wollen ... Ich bin immer klein geblieben und kenne keine andere Beschäftigung als jene, die Blumen der Liebe und des Opfers zu pflücken und sie dem lieben Gott zu seinem Vergnügen anzubieten. Klein bleiben heißt ferner: die Tugenden, die man übt, nicht sich selber zuzuschreiben, als wäre man zu irgendwelchem Guten fähig, sondern erkennen, daß sie ein Schatz sind, den der liebe Gott in die Hand seines kleinen Kindes legt, um sich seiner zu bedienen, wann er dessen bedarf."

Sie will klein bleiben, um Gottes Größe zu erfahren. Klein bleiben aber auch, um Hindernisse leichter zu überwinden. Mit hintergründiger Ironie erinnert sie sich an das Pferd, das irgendwann in ihren Kinderjahren die Gartenpforte der *Buissonnets* versperrte. Die Erwachsenen seien ratlos herumgestanden, während Thérèse, der listige Kobold, blitzschnell zwischen den Beinen des Tieres hindurchschlüpfte! Später wird sie die Geschichte einer problembeladenen Mitschwester erzählen und ihr den Rat geben, statt einen wüsten Kampf mit ihren Schwierigkeiten auszufechten, solle sie doch einfach „unten durchkriechen".

Kämpfe, Aktivitäten, „Werke" kommen auch in Thérèses Programm vor, aber sie haben eine andere Qualität. „Die schönsten Gedanken sind nichts ohne die Werke", ganz klar. Doch die imposantesten Werke, so darf man Thérèse wohl ergänzen, sind nichts wert ohne die Liebe. Und selbst der Glaube ist keine menschliche Leistung, sondern Geschenk Gottes. Als Pauline an ihrem Sterbebett jammert, sie habe solche Angst davor, einmal mit leeren Händen vor Gott zu erscheinen, entgegnet Thérèse eifrig: Ganz im Gegenteil! Sie freue sich auf diesen Augenblick – „denn weil ich nichts habe, muß ich alles von Gott bekommen!"

„Wir müssen alles tun, was an uns liegt", stellt sie in einem anderen Gespräch mit Céline ein für allemal klar, „geben, ohne zu zählen, die Tugend bei jeder Gelegenheit üben, uns ständig überwinden, unsere Liebe durch alle Zartheit, alles erfinderische Feingefühl beweisen – mit einem Wort, wir müssen alle guten Werke hervorbringen, die überhaupt in unseren Kräften stehen, aus Liebe zu Gott. Aber es ist wirklich unerläßlich, unser ganzes Vertrauen in den zu setzen, der allein unsere Werke heiligt und der uns heiligen kann ohne Werke, denn er vermag selbst aus den Steinen Kinder Abrahams zu erwecken. Ja, es ist nötig, wenn wir alles getan haben, was wir glauben tun zu müssen, daß wir uns dann als unnütze Knechte bekennen, zugleich erhoffend, daß Gott uns aus Gnade alles geben wird, was wir brauchen. Dies ist der kleine Weg des Kindseins!"

Bezeichnend ihr Verhältnis zu den im Karmel damals so beliebten „Bußwerken". In einer Ecke des Klostergartens von Lisieux wurden eigens Brennesseln gezüchtet, mit denen sich besonders abgehärtete Nonnen täglich zu geißeln pflegten. Thérèse fand keinen Geschmack an solchen Methoden. Sie hat Buße nicht als Mutprobe oder geistliches Training betrachtet, sondern als Lebensform: Solidarität mit dem leidenden Christus und Konzentration auf das Wesentliche, damit der Geist frei wird für Gott. Besondere „Bußübungen" braucht es da nicht – „nein, ich habe nie auch nur eine gemacht ..., ich fühlte dazu keinerlei Neigung" –, die saubere Erfüllung der Ordensregel genügt vollauf.

Offenbar hat Thérèse Martin schon früh die Gefahr erkannt, die laut Ida Friederike Görres in der Entartung der Buße „vom Heilmittel zum Sport" besteht: „Der auf Rekorde erpichte ‚Aszet' gleicht einem Menschen, der wahllos die verschiedensten Heilmittel und Gifte an sich ausprobiert, unbekümmert um Gebrauchsanweisungen, und seinen Stolz dareinsetzt, wieviel er verträgt oder aushält."

Als sie erst kurz im Karmel war, hat sie nach dem Vorbild irgendwelcher seltsamer Heiliger löffelweise Salz auf ihr Mittagsmahl geschüttet oder beim Essen an scheußliche Dinge gedacht. „Später fand ich es einfacher, dem lieben Gott das, was mir schmeckte, in Dankbarkeit darzubringen." Auch das aus scharfem Eisendraht geflochtene und die Haut mit spitzen Stacheln peinigende Bußkreuz hat sie wieder zur Seite gelegt, nachdem sie dadurch krank geworden war. Diese anfänglichen Tendenzen, sich mit heldenhaften Entsagungen hervorzutun, sind ihr bald ausgetrieben worden, und zwar durch Selbsterkenntnis – „ich hätte zuviel Vergnügen daran gefunden" – und durch ihr scharfes Auge: Es gefiel ihr nicht, daß sich ausgerechnet diejenigen Nonnen, die sich gern blutig schlugen, egoistisch und überheblich gegenüber ihren Mitschwestern benahmen.

Natürlich ist auch die bezaubernde kleine Thérèse nicht frei gewesen von dem ins Leiden verliebten Masochismus, der den Christenmenschen jahrhundertelang die Freuden dieser Erde vergällt hat. „Ich hatte nicht die Fähigkeit, zu genießen", urteilt sie selbst, „nur eine sehr große Fähigkeit, zu leiden." Und auf dem Sterbebett nennt sie das Leiden gar ihre einzige Freude.

Aber möglicherweise sind solche Aussprüche eher als Pflichtübungen zu werten, als demütige Versuche, den Erwartungen der Klosterdisziplin zu genügen. Denn Thérèse besaß durchaus das Talent, sich an den *délicatesses du bon dieu*, den Delikatessen des guten Gottes, zu berauschen, wie sie schöne Blumen für ihren Kitschjesus im Kreuzgang oder ein von der Krankenpflegerin aufgetischtes kühles Getränk zu nennen pflegte. Bei Papa Martin bedankt sie sich in fast lüsterner Vorfreude für einen Karpfen („dieses Ungetüm"), den er der Klostergemeinschaft geschickt hat: „Seinetwegen verzögerte sich der Mittagstisch um eine halbe Stunde. Marie du Sacré Coeur hat die Soße dazu gemacht, sie war köstlich, es roch nach weltlicher Küche!"

Jesus, der Narr aus Liebe

Kluge Theologen haben bei Thérèse Martin eine *Kenosis-Theologie* ausgemacht. Kenosis bedeutet die Selbstentäußerung Christi in Menschwerdung, Passion und Eucharistie. Diesem Christus, der sich selbst aus Liebe ganz ohnmächtig und klein macht, will Thérèse nachfolgen. Ihm und den Menschen, deren Freund er ist, will sie sich hingeben, denn nur auf die Liebe kommt es an, sie „wiegt ein langes Leben auf" – 99mal findet sich das Wort „Liebe" in ihrer Autobiographie:

„Aus Liebe leben, das heißt, geben ohne Maß,
Ohne hier einen Lohn zu beanspruchen.

Ach, ohne zu zählen, gebe ich und bin sicher,
daß man nicht rechnet, solange man liebt! …
Aus Liebe leben, das heißt, alle Furcht bannen,
Jede Erinnerung an die Fehler der Vergangenheit.
Von meinen Sünden sehe ich keinerlei Spur;
In einem Augenblick hat die Liebe alles verbrannt …
Aus Liebe leben, das heißt, unaufhörlich weiterfahren,
Den Frieden, die Freude in alle Herzen säend.
Geliebter Steuermann, die Liebe drängt mich,
Denn ich sehe Dich in den Seelen meiner Schwestern …
Aus Liebe sterben, das ist meine Hoffnung,
Wenn ich sehen werde, wie meine Bande zerbrechen.
Mein Gott wird meine große Belohnung sein,
Gar keine anderen Güter will ich besitzen.
Von seiner Liebe will ich entflammt sein.
Ich will ihn schauen, mich für immer mit ihm vereinen,
Dies ist mein Himmel, dies ist meine Bestimmung.
Leben aus Liebe!!!"

Dabei fasziniert Thérèse immer wieder die Tatsache, daß Gott der erste beim Lieben ist und daß er keine Bedingungen stellt: „Welch ein Glück, daß Gott Mensch geworden ist, damit wir Ihn lieben können! Oh, wie gut hat Er das gemacht, wie hätten wir sonst den Mut dazu?" Sie stellt die kühne Behauptung auf, daß Christus unserer Liebe bedarf, daß er nach Liebe hungert, um sie bettelt – „Jesus ist krank vor Liebe" –, daß *wir* ihn trösten müssen, nicht er uns! Einer Novizin untersagt sie, sich zu Füßen des Gekreuzigten auszuweinen: „Dieser gute Meister hat nur unsere Klöster, um sein Herz zu erfreuen. Er kommt, sich bei uns auszuruhen, um die dauernden Klagen seiner Freunde in der Welt zu vergessen … Ich weiß, er hat ein so gutes Herz, daß er Ihre Tränen abwischen wird, wenn Sie weinen; aber dann geht er traurig fort, da er sich bei Ihnen nicht ausruhen konnte …"

Wie jede wirkliche Leidenschaft ist auch Thérèses Liebe zu Jesus ein wenig verrückt, sie weiß es und findet das

116

ganz richtig so. „Komme ich ins Fegfeuer", sinniert sie, „nun gut, ich werde in den Flammen lustwandeln wie die drei Jünglinge im Feuerofen und das Lied der Liebe singen!" In ihrer Autobiographie findet sich eine Liebeserklärung, die eine nervöse, fast erotische Hochspannung und mystische Tiefe vereint:

> *„Liebe zieht Liebe an, darum, mein Jesus, stürzt die meine Dir entgegen, möchte den Abgrund, der sie anzieht, ausfüllen, aber ach! sie ist nicht einmal ein Tautropfen, verloren im Ozean! Um Dich zu lieben, wie Du mich liebst, muß ich mir Deine eigene Liebe ausleihen, dann erst finde ich Ruhe."*

Und an anderer Stelle das Bekenntnis:

> *„O Jesus! Laß mich im Überschwang meiner Dankbarkeit Dir sagen, daß Deine Liebe bis zum Wahnsinn geht ... Sag mir, wie könnte mein Herz Dir angesichts dieses Wahnsinns nicht entgegenfliegen? Wie sollte mein Vertrauen Grenzen kennen? Oh! ich weiß, für Dich haben die Heiligen auch Wahnsinnstaten begangen ... Jesus, ich bin zu klein, um Großes zu tun ... Meine Verrücktheit besteht darin, zu hoffen, daß Deine Liebe meine Hingabe annehme."*

Zu Recht habe der König Herodes Jesus als Narren eingeschätzt, bemerkt sie in einem Brief an Céline.

> *„Ja, es war eine Narrheit, auf die Suche nach armen, kleinen sterblichen Menschenherzen zu gehen, um in ihnen seinen Thron aufzurichten. Er, der König der Herrlichkeit, der auf den Cherubim thront ... Er war ein Narr, unser Vielgeliebter, da Er auf die Erde kam, um Sünder zu seinen Freunden zu machen, zu seinen Vertrauten, zu seinesgleichen ..."*

Eine enge, angstbesetzte Religiosität findet so ein unbefangenes Verhältnis zum Herrn allen Lebens möglicherweise gefährlich. Doch ein Gott, der sich von den Menschen Vater nennen läßt und von ihnen geliebt werden will, muß er es sich nicht gefallen lassen, daß man so mit ihm spricht? Thérèse hat es vermutlich ebenso gesehen, wenn sie mit fröhlicher Nonchalance äußerte, ein sorgloses Kind zu Füßen seines himmlischen Freundes:

> *„Ich spiele auf der Spielbank der Liebe … Ich spiele ein gewagtes Spiel. Wenn ich es verliere, werde ich es schon merken. Um Spekulationen kümmere ich mich nicht. Das besorgt Jesus für mich. Ich weiß nicht, ob ich reich oder arm bin. Später werde ich es schon sehen."*

„Ich fühle mich zum Priester berufen"

Eines Tages schläft sie während der Betrachtung für einen Moment ein – und träumt von einem Krieg. Die Niederlage droht, es fehlt an Soldaten, irgendwer sagt: „Man muß Thérèse vom Kind Jesus schicken!" Ganz begeistert erzählt sie den Traum der Priorin und schwärmt: „O Mutter, wie gern hätte ich damals bei den Kreuzzügen mitgekämpft oder später gegen die Irrlehrer. Vor dem Feuer hätte ich mich nicht gefürchtet. Ist es möglich, daß ich im Bett sterben muß?"

Zu tausend Aktivitäten fühlt sie sich berufen! „Oh! Trotz meiner Kleinheit möchte ich die Seelen erleuchten wie die Propheten, die Kirchenlehrer", wünscht sie sich in der Autobiographie noch ein Jahr vor ihrem Tod, „ich habe die Berufung, Apostel zu sein; ich möchte die Welt durcheilen, Deinen Namen verkünden und Dein glorreiches Kreuz in den Ländern der Heiden aufpflanzen, aber, o mein Vielgeliebter, eine einzige Mission genügte mir nicht; ich möchte das Evangelium in allen fünf Weltteilen gleichzeitig verkünden, bis zu den fernsten Inseln …"

Sie fühlt in sich „die Berufung zum Krieger, zum Priester, zum Apostel, zum Kirchenlehrer, zum Märtyrer" und den Mut eines „päpstlichen Soldaten"; sie möchte ihr Blut für Christus vergießen, wie die Heiligen will sie enthauptet, verbrannt, in siedendes Öl geworden werden; „wie Du, mein angebeteter Bräutigam, möchte ich gegeißelt und gekreuzigt werden …"

118

Ganz unglücklich, weil eine kleine Karmelitin niemals solche große Taten vollbringen kann, zerrissen zwischen hochfliegenden Träumen und der Demut eines Kindes, schlägt sie den ersten Paulusbrief an die Korinther auf und denkt angestrengt darüber nach, was der Apostel mit den „vollkommensten Gaben" meint, nach denen man unbedingt streben soll.

Sie liest weiter und findet den Satz, all diese „vollkommensten Gaben" seien nichts ohne die Liebe. Da fällt es ihr wie Schuppen von den Augen:

„Ich begriff, daß die Kirche ein Herz hat und daß dieses Herz von Liebe brennt. Ich erkannte, daß die Liebe allein die Glieder der Kirche in Tätigkeit setzt, und würde die Liebe erlöschen, so würden die Apostel das Evangelium nicht mehr verkünden, die Märtyrer sich weigern, ihr Blut zu vergießen ... Ich begriff, daß die Liebe alle Berufungen in sich schließt, daß die Liebe alles ist ... Da rief ich im Übermaß meiner überschäumenden Freude: O Jesus, meine Liebe, endlich habe ich meine Berufung gefunden, meine Berufung ist die Liebe! Ja, ich habe meinen Platz in der Kirche gefunden ... Im Herzen der Kirche, meiner Mutter, werde ich die Liebe sein."

Eigenartig, daß diese Erkenntnis erst ein Jahr vor ihrem Tod strahlend klar in ihr durchbricht – gelebt hat sie die Berufung zur Liebe schon immer. Ihr ganzer Zauber, das ganze Geheimnis ihres *kleinen Weges* liegen in dem Entschluß, die Liebe zum Maßstab von allem zu machen, Vernunft und Kalkül, diplomatische Raffinesse und die zahllosen Tricks, mit denen Menschen einander belügen und ihren Vorteil zu sichern verstehen, all das beiseite zu lassen und blind der Liebe zu folgen. Sie allein, die Liebe, kann den kleinen Weg zur Glücksstraße machen, sie allein kann „das Nichts in Feuer verwandeln".

Drängt so eine unbändige Energie nicht in den Raum der Öffentlichkeit? War Thérèses kraftvolle Liebe in der Enge des Karmel nicht verschwendet, hätte sie nicht sozial aktiv werden müssen, viele Menschen mitreißend, Kirche und Gesellschaft verändernd? Abgesehen davon, daß es in einer französischen Kleinstadt des ausgehenden 19. Jahrhunderts für eine unverheiratete, schüchterne, seelisch und körperlich nicht gerade robuste Frau solche Möglichkeiten nicht gab – die Frage geht auch daran vorbei, daß für eine gläubige Weltsicht andere Maßstäbe gelten.

Die stellvertretende Liebe hinter Klostermauern, die geistige Solidarität mit den Nöten der „Weltleute", das himmelstürmende Beten im Namen derer, die dafür keine Zeit zu haben meinen, das Bemühen um ein Leben in Gottes Nähe, weil er draußen so vielen gleichgültig geworden ist – all das hat für gläubige Menschen eine reale, weltverändernde Wirkung. Natürlich kannten auch die Martin-Töchter die ganze Palette der Einwände. Als Céline in den Karmel eintreten wollte, hörte sie von allen Seiten, in der „Welt" könne sie sich viel eher nützlich machen, ihren Mitmenschen helfen und Gott erfreuen.

Thérèse zog in einem einfühlsamen Brief an die unsicher gewordene Schwester einen Vergleich mit der Sünderin im Evangelium, die zum Ärger der anständigen Tischgäste Jesu Füße gesalbt hat. Was für eine unnütze Geste! Hätte sie nicht lieber in der Küche arbeiten und beim Mahl bedienen sollen? Doch gerade auf den Luxus des Salböls komme es an, verschlossen in den „Gefäßen unseres Lebens".

Thérèse: „Was tut's, wenn unsere Gefäße zerbrochen werden, wenn nur Jesus getröstet ist und die Welt, ob sie will oder nicht, den Wohlgeruch wahrnehmen muß, der ihnen entströmt und der die vergiftete Luft reinigt, die sie immerfort atmet."

Ob da nicht der amerikanische Trappist Thomas Merton, der Einsiedlermönch, Kriegsgegner und Bestsellerautor, ein bißchen geschummelt hat? Seine klassische Definition klingt wie bei Thérèse abgeschrieben: „In der Nacht der technischen Barbarei müssen die Mönche Bäumen gleichen, die schweigend in der Dunkelheit leben und durch ihre lebensspendende Gegenwart die Luft reinigen."

Was Thérèse mit Erich Kästner gemeinsam hat

Kritisieren kann man überhaupt vieles an Thérèse, denn wie alle Vordenker ist sie von genialer Einseitigkeit und wie alle Menschen, die sich nicht verstellen können, extrem verwundbar. Ein so bedächtiger, gute Traditionen durchaus schätzender Theologe wie Karl Rahner hat ihr schrecklich langweilige Passagen in ihren Schriften und eine „kleinbürgerlich-christliche Dressiertheit" im Lebensstil vorgeworfen. Andere vermissen in ihrer fleckenlosen Bravheit das Anstößige, Provokante, bürgerliche Selbstzufriedenheit Herausfordernde, das zum Christentum gehört.

Man rümpft die Nase über den engen Horizont ihrer Kindheit und späteren Weltwahrnehmung. „Wie klein, wie klein, wie klein ist alles!" seufzte Ida Friederike Görres nach der Lektüre ihrer Autobiographie. „Es ist, als müßte man sich bücken, um in eine Welt einzutreten, wo alles nach vogelzierlichen Maßen gedrechselt ist, lieblich, blaß und fragil wie die Spitzen, mit denen die Mutter der Heiligen handelte. Welch eingesperrte, leise parfümierte Luft weht uns entgegen ... Treuherzigen Nippsachen gleichen auch die erzählten Ereignisse ... Häufig wird von Kreuz und Schmerzen berichtet ... wie Schwester Thérèse bei der Wäsche sanftmütig und aus Liebe zu Gott erduldete, daß ihre Arbeitsgefährtin sie unachtsam mit der schmutzigen Lauge bespritzte; wie sie die vollkommene Armut übte, indem sie ohne Widerrede hinnahm, daß man den hübschen Wasserkrug aus ihrer Zelle mit einem plumpen und zersprungenen vertauschte, oder daß eine Mitschwester ohne ihre Erlaubnis Pinsel oder Stift aus ihrem Malkasten entlieh und nicht wiederbrachte."

Welcher durchschnittliche Weltchrist, fragt die Görres, hätte den Mut, solche Banalitäten als Belege für seinen Opfermut zu notieren? „Er denkt an Mütter vieler Kinder, an geplagte Dienstboten, an unzählige Leute in harter, eintöniger Berufsarbeit, in drückender häuslicher Enge ...

erdulden sie nicht täglich das Hundertfache von dem, was hier so feierlich beschrieben steht …?"

Ist Thérèse immer der Gefahr entgangen, ihren *kleinen Weg* zum getarnten Königsweg „hinaufzuschwindeln" (Görres), zu einer bloß noch gespielten Schlichtheit, auf die man sich dann erst recht etwas einbilden darf? Ist es nicht eine ungesunde Entartung, das Kleinkind zur Leitfigur der Religiosität zu machen, die Unreife zur Vollkommenheit zu verklären, infantiles Gehabe zum Frömmigkeitsmuster zu stilisieren? Meint das Evangelium mit seiner Aufforderung, zu werden wie die Kinder, nicht etwas völlig anderes?

Übertreibt Thérèse nicht manchmal mit ihrer Kindersprache und ihrem verspielten Herumalbern? „Wollte ich die Geheimnisse der Gänseblümchen entwickeln, dann müßte ich ein ganzes Buch schreiben", läßt sie Céline wissen und behauptet ernsthaft, die vom Licht der Sonne – ein Bild für Jesus! – zum Erröten gebrachten Gänseblümchen seien „seine Bräute". Sich selbst sieht sie als kleinen, „mit leichtem Flaum bedeckten" Vogel, der sich nicht wie ein Adler zum Licht der göttlichen Dreifaltigkeit aufschwingen kann, sondern einem Wurm nachläuft, in einer Wasserpfütze badet, ein Körnchen aufpickt – und in seiner verwegenen Hingabe dennoch sehr glücklich ist. Denn wäre das Vögelchen ein mächtiger Adler, „niemals hätte es den Mut, sich Deiner Gegenwart zu stellen!"

Um Thérèse zu verstehen, muß man den zeitgenössischen, vor allem von Victor Hugo gepflegten Kult des Kindes kennen, der sich auf die Ideenwelt Rousseaus berief und im Kind das Urbild von Unschuld, ungetrübtem Glück und Zukunftshoffnung sah – unbekümmert um die graue Wirklichkeit der Mietskasernen und Hinterhöfe und um das elende Los der Kinder in den Fabriken. Man muß auch zwischen den Zeilen lesen und die Nuancen in ihren fröhlichen Schilderungen wahrnehmen, um zu sehen, daß sie weniger eine neurotische Flucht ins Kindsein propagiert, sondern zu einer reifen, hart erarbeiteten

Haltung einlädt: Wer Gott wie ein Kind begegnet, bringt keinen Leistungsnachweis mit, sondern Aufrichtigkeit und Vertrauen.

Thérèse Martin träumt von der Kindheit auf eine ähnlich realistische Weise wie ihr Schriftstellerkollege Erich Kästner. „Die Erwachsenen gehören zur Kategorie der Schwererziehbaren", stellt er fest. „Sie fühlen sich in der Welt ihrer Gemeinheiten, Lügen, Phrasen und längst verstorbenen Konventionen ‚unheimlich' wohl ..." Kinder dagegen seien dem Guten noch so nahe. Ihr Gewissen ist noch nicht gekauft, ihnen traut er noch gesunden Menschenverstand zu. Deshalb führt der Weg zu einer besseren Welt zurück in die Kindheit. „Nur wer erwachsen wird und Kind bleibt, ist ein Mensch", behauptet Kästner und beschwört seine Leser: „Laßt euch die Kindheit nicht austreiben!"

Thérèse sieht es gar nicht so anders, nur mit einer stark religiösen Färbung: Klein sein, das heißt, „alles von Gott erwarten ..., sich nicht für tüchtig halten ..., seiner Fehler wegen nicht den Mut verlieren, denn Kinder fallen zwar oft hin, aber sie sind zu klein, um sich dabei ernstlich weh zu tun". Kind sein befreit von Angst: „Ich bin zu klein und unbedeutend, um verdammt zu werden; ganz kleine Kinder kommen nicht in die Hölle."

Thérèses Kinder-Ich ist ein gebrochenes; wir wissen ja längst, wie gründlich und selbstkritisch sie ihre eigenen Gefühle und Zwänge reflektiert. Auf dem Sterbebett nennt sie sich gern ein „Baby", auf ihre hilflose Situation anspielend. Ihre Schwester Marie, die Handfeste, Nüchterne, findet das vielleicht peinlich, fragt nach, ob sie sich denn wirklich so sehe. Thérèses Antwort: „Ja, aber ein Baby, das sehr lang darüber nachdenkt. Ein Baby, das schon eine Greisin ist!"

Was zunächst wie entzückende Tändelei und Flucht vor dem Erwachsenwerden aussehen mag, entpuppt sich bei näherem Hinsehen als nüchterne Theologie mit zusammengebissenen Zähnen, als tapferer Weg durch die

Wüste alltäglicher trister Mühsal: „Ich werde singen, auch wenn ich meine Blumen mitten aus Dornen pflücken muß!" *Er* muß heiligen, was wir tun, sonst ist alles nichts wert.

Wie könne man Christus schon seine Liebe beweisen als damit, ihm „Blumen zu streuen", das heißt das Alltägliche aus Liebe zu tun? Thérèse bezieht sich auf einen liebenswürdigen Brauch im Karmel von Lisieux, wie er nur in einer Gemeinschaft kindgebliebener Mädchen entstehen kann: Im Sommer versammelten sich die Novizen jeden Abend nach der Komplet um das Granitkreuz im Klosterhof, sammelten die von den Blumenstöcken gefallenen frischen Rosenblätter und warfen sie der Figur des Gekreuzigten zu.

„Ich streu mich leise unter Deine Schritte", heißt es in einem ihrer zartesten Gedichte. Fünf Monate vor ihrem Tod ist hier von der vielfarbigen Pracht der Rosen die Rede und von dem vergessenen „armen Rest", zu dem diese Pracht so rasch dahinwelkt:

„Sie darf vielleicht als armer Schmuck Dich grüßen,
Nur eine Stunde lang –
Dann tritt ein jeder achtlos sie mit Füßen –
Mir ist nicht bang:

Mein Leben, Herr, ist Dir zulieb verschwendet,
Des Heut' und Morgen Zeit –
Nach Menschenblick verwelkt und schon beendet,
Bin ich dem Tod geweiht.

Für Dich zu sterben, Jesus, schönstes Leben,
Ist Seligkeit,
Entblätternd Deiner Liebe Zeugnis geben
Will ich beglückt, bereit …

Ich streu mich leise unter Deine Schritte,
O Kind, mein Leben lang,
Noch auf Kalvaria lindern Deine Tritte
Will ich beim letzten Gang …"

124

Er kann von tödlichem Ernst sein, der *kleine Weg* der Kinder. Bei genauer Betrachtung erscheint er überdies als die sicherste Möglichkeit, sich von der auch unter Christen grassierenden Egomanie zu befreien: Wenn man zu sehr an sich selbst leide, solle man eben wegschauen, rät Thérèse – sie betrachtet dieses Kreisen um das eigene Ich bis ans Lebensende als ihre größte Versuchung. „Der liebe Gott zwingt uns ja nicht, in unserer eigenen Gesellschaft zu verweilen."

Je mehr ihr das Einswerden mit Christus gelingt, sie spürt es staunend, desto inniger vermag sie ihre manchmal so reizenden und oft so taktlosen Mitschwestern zu lieben:

> „Beglückt sehe ich, wie durch die Liebe zu Ihm das Herz sich weitet, wie es nun imstande ist, all jenen, die Ihm teuer sind, eine unvergleichlich größere Zärtlichkeit zu schenken, als wenn es sich in selbstsüchtiger und unfruchtbarer Liebe in sich eingekapselt hätte."

6

Die Wüste:
„Der Himmel verschließt sich
mir mehr und mehr"

*„Versengt wie Gras
und verdorrt ist mein Herz ...
Ich liege wach, und ich klage
wie ein einsamer Vogel auf dem Dach"*

PSALM 102

Im Februar 1893, Thérèse ist 20 Jahre alt, muß Marie de Gonzague – wie es in den Ordenssatzungen nach zwei Amtsperioden vorgesehen ist – das Amt der Priorin abgeben. Zu ihrer Nachfolgerin wird, wie sie es gewünscht hat, Schwester Agnès de Jésus gewählt, mit bürgerlichem Namen Pauline Martin. Um die nach dem Verlust ihrer offiziellen Machtposition hartnäckig weiter um Einfluß und Privilegien kämpfende Marie de Gonzague zu besänftigen, macht die neue Priorin sie zur Novizenmeisterin; weil sie aber ihre autoritären Neigungen und ihr geringes pädagogisches Talent kennt, gibt sie ihr Thérèse als „Gehilfin" zur Seite.

„In Wirklichkeit rechnete ich für die Leitung der Novizen auf Schwester Thérèse", wird Mutter Agnès später zugeben. Das heißt, die tatsächliche Novizenmeisterin war Thérèse, aber Marie de Gonzague sollte es nicht merken. Eine verrückte Konstruktion, zumal Thérèse im Noviziat wohnen blieb. Doch sie scheint ihre heikle Aufgabe so geschickt gelöst zu haben, daß Marie de Gonzague, als sie nach drei Jahren das Amt der Priorin erneut übernahm und, was äußerst ungewöhnlich war, gleichzeitig die Leitung des Noviziats behielt, Thérèse in ihrer Aufgabe als „Gehilfin" bestätigte. Soviel Vertrauen brachte sie ihrer einstigen diskreten Kontrolleurin entgegen.

Wir wissen bereits, was für eine faszinierende Persönlichkeit diese Priorin war – und wie schwierig es gewesen ist, mit ihr auszukommen. Sie soll erwogen haben, die Rivalin Agnès de Jésus in den neugegründeten Karmel von Saigon abzuschieben. Angeblich hat sie Thérèse ihr Gehilfenamt nach Lust und Laune alle paar Wochen abgenommen und wiedergegeben, und sicher spähte sie mit Argusaugen nach jeder möglichen Machtanmaßung. Aber mit fast nachtwandlerischer Sicherheit traf Thérèse, die ihre Enkelin hätte sein können, auch hier den richtigen Ton.

Als sie in der Autobiographie auf ihre Rolle als „Gehilfin" zu sprechen kam – von der beide, Thérèse wie die Priorin, wußten, daß sie in Wahrheit die sanfte Führung der Älteren durch die Jüngere und die Reparatur der durch Maries cholerische Art verursachten Schäden beinhaltete –, fand sie einen bezaubernden Vergleich:

„Ein Künstler hat nicht nur einen Pinsel, er braucht mindestens zwei davon; der erste ist der nützlichere, mit ihm trägt er die Grundtöne auf, bedeckt in kurzer Zeit die ganze Leinwand, der andere, kleinere, dient ihm für die Details. Sie, meine Mutter, gelten mir als der kostbare Pinsel, den die Hand Jesu liebevoll führt, wenn Er in den Seelen Seiner Kinder eine große Arbeit vollbringen will; und ich, ich bin der ganz kleine, den Er danach für die unbedeutenden Feinheiten zu benützen geruht."

Energisch und zärtlich

Als faktische Novizenmeisterin tritt die „kleine Thérèse" jedenfalls erstaunlich energisch auf. Nach etlichen Neueintritten – darunter die quecksilbrige Marie-Louise

Castel aus Paris und die nicht minder temperamentvolle Céline Martin, die mit ihrer Fotografierleidenschaft als gefährlich modernes Mädchen gilt – ist das Noviziat auf fünf Schwestern angewachsen; da muß sich auch eine so sanfte Menschenführerin wie Thérèse mit Autorität wappnen, um den Überblick nicht zu verlieren.

„Sie war überaus wachsam und hatte sehr scharfe Augen, um unsere Mängel zu sehen und uns zurechtzuweisen", gab Schwester Marthe, Thérèses ebenso anhängliche wie eifersüchtige Gefährtin, später zu Protokoll. „Nichts entging ihr. Sie tadelte mit großer Sanftmut, aber auch sehr entschieden; nie zeigte sie sich nachgiebig gegen unsere Fehler, nie ging sie von einer einmal gesagten Sache ab."

Als sich eine Novizin tuschelnd, aber in Hörweite der zerstreuten Tischdienerin beschwerte, diese habe sie beim Austeilen des sonntäglichen Nachtisches übersehen, befahl ihr Thérèse, auf der Stelle in die Küche zu gehen und ihre Portion zu verlangen. Das war der mäkelnden Mitschwester nun wieder peinlich, aber Thérèse blieb hart und erklärte: „Das soll Ihre Buße sein. Sie sind der kleinen Opfer nicht wert, die Gott von Ihnen erwartet!"

Doch dann zeigt sie wieder ihre ganze zarte Sensibilität: Der stark neurasthenischen, wegen ihrer Wutanfälle gefürchteten Schwester Marie de Saint-Joseph – es ist die, der sie in der Wäscherei freiwillig hilft, weil sonst niemand mit ihr zusammenarbeiten will – widmet sie ein tröstendes Lied, in dem Jesus eine mit Problemen kämpfende Nonne ermutigt: „Einfach nur Hingabe. Ich will dein kleines Boot führen."

Die strenge, niemals lächelnde Schwester Saint-Jean-Baptiste, die gern Priorin wäre, aber auf der Wäscheabteilung verkümmert, wirft der jungen Novizenmeisterin eines Tages vor, sie sei viel zu nachsichtig: „Sie hätten es viel eher nötig, sich selbst zu leiten, als die anderen zu führen." Thérèse strahlt die verbitterte, mehr als doppelt so alte Nonne an und sagt: „O meine Schwester, wie recht

Sie haben! Ich bin noch viel unvollkommener, als Sie glauben."

Selbstkritisch ist sie immer gewesen – und geschmeidig in ihren Erziehungsmethoden, flexibel im Umgang mit den Novizen:

„Zuerst sah ich, daß alle Seelen ungefähr die gleichen Kämpfe ausfechten müssen, andererseits aber außerordentlich verschieden sind; diese Vielfältigkeit bedingt, daß man sie nicht alle auf dieselbe Weise heranholen kann. Bei einigen spüre ich, daß ich mich klein machen muß, nicht fürchten darf, mich zu demütigen und meine Kämpfe und meine Niederlagen einzugestehen; dann bekennen sie selbst leichter die Fehler, die sie sich vorwerfen, und freuen sich, daß ich sie aus meiner Erfahrung heraus verstehe. Um bei anderen Erfolg zu haben, ist Festigkeit angebracht: nie darf man ein Wort zurücknehmen; sich zu demütigen wäre Schwäche."

Die eine Novizin, extrem scheu und furchtsam, versteckt sich jedesmal, wenn sie zur Aussprache mit der Novizenmeisterin kommen soll, und Thérèse muß erst das halbe Kloster durchstöbern, um das arme Ding zu finden. Andere benehmen sich herausfordernd frech und unterziehen all die Merkwürdigkeiten der jahrhundertealten Ordenstradition einer unbarmherzigen Kritik. Besondere Probleme hat Thérèse mit der schon erwähnten „kleinen Pariserin", die sich noch am Vorabend ihres Klostereintritts auf dem Jahrmarkt von Lisieux beim Ponyreiten vergnügt hat und mit ihrer unbefangenen Neugier und ihrem wilden Temperament ständig bei den alten Nonnen aneckt. Sie vergilt ihrer Novizenmeisterin alle Bemühungen mit hingebungsvoller Liebe und notiert sich sämtliche Ratschläge, als handle es sich um das Evangelium.

Und wie erfinderisch Thérèse in ihrer Pädagogik vorgeht! Trockene Vorträge hält sie ohnehin nicht, lieber erzählt sie Geschichten, denkt sich originelle Beispiele aus, beantwortet jede noch so abstruse Frage. Einer Novizin, die beim geringsten Anlaß in Tränen ausbricht und zu dramatischen Gefühlsausbrüchen neigt, rät sie, die Tränen jedesmal mit der kleinen Muschel aufzufangen, die sie beim Malen mit Wasserfarben verwendet. Nur diese eine Schale dürfe sie im Laufe eines Tages vollheulen, mehr nicht! Das sonderbare Rezept soll einen durchschlagenden Erfolg erzielt haben; Thérèse, das einst so rührselige Kind, hatte schließlich Erfahrung.

Sie macht ihre Novizen darauf aufmerksam, daß die kleinen Birnen oft am süßesten schmecken, und bittet sie darüber nachzudenken, ob sie sich nicht vielleicht um interessante Erfahrungen bringen, wenn sie die unscheinbaren Mitschwestern links liegen lassen. Sie schreibt ein Stück mit lauter Teufeln, bei dem die Novizen hinter den Kulissen furchterregend mit Ketten rasseln und auf alten Töpfen Donnerschläge erzeugen dürfen – und macht in den Schlußversen unauffällig Werbung für den *kleinen Weg:*

„Ihr glühenden Karmelitinnen, ihr wünscht,
Herzen für Jesus, euren Bräutigam, zu gewinnen;
So bleibt denn für ihn immer klein.
Die Demut bringt die Hölle in Wut!"

Am Weihnachtsabend 1895 ruft sie alle Schwestern zu einem Spiel in den Kapitelsaal: Vor der Krippe mit dem Jesuskind steht ein Korb mit bunten Zetteln, die Thérèse mit selbstgedichteten Versen beschrieben hat. Jede Nonne kniet vor dem Christuskind nieder und zieht einen Zettel, dessen Verse dann ein von Schwester Marie de l'Eucharistie gespielter Engel vorsingt: Jedesmal ist es eine Einladung, Christus etwas zu schenken, ein Lächeln, eine Überwindung – oder das eigene Herz.

Vögelchen und Adler

Denn jetzt wird Thérèses bisher eher privater *kleiner Weg* plötzlich zum Modell, und sie beginnt davon zu sprechen, daß man diesem Weg folgen und ihn verbreiten soll.

Was gar nicht so einfach ist, denn Thérèse sieht sich zu einem abenteuerlichen Spagat zwischen ihrem unabhängigen, sehr konzentrierten Weg und dem offiziösen „Lehrplan" für die Novizenausbildung gezwungen. Plötzlich muß sie wieder „Tugendakte" zählen, zum Glück nicht die eigenen, weil eine Gefährtin sehr an dieser Übung hängt und Thérèse sie nicht kränken möchte.

In den wenigen Jahren als „leitende Gehilfin" im Noviziat prägt sie den Ordensnachwuchs sichtlich – und auch die eine oder andere von den älteren Mitschwestern. Marie-Philomène de Jèsus, die fleißigste Hostienbäckerin im Karmel – ein Handwerk, das entscheidend zum Lebensunterhalt der Gemeinschaft beiträgt –, hat sich ein Leben lang schrecklich vor dem Fegfeuer gefürchtet. Thérèse dreht die ganze verquere Theologie um, die hinter solchen Angstvorstellungen steckt: Sie solle zu Gott Vertrauen haben, sagt sie der Mitschwester, und sich vorstellen, daß er sie jetzt schon läutere und reinige, ganz liebevoll, jeden Augenblick! Es wird berichtet, daß Marie-Philomène in einem langen Karmelleben jede Furcht vor der Ewigkeit verloren habe.

Ihre manchmal etwas altkluge Weisheit würzt sie mit einem köstlichen Humor, scharfzüngig, ironisch, doch ohne verletzende Spitzen. Die besten Witze hat sie auf dem Sterbebett gemacht. Als sich drei Wochen vor ihrem Tod Bischof Hugonin zum Besuch ankündigt – Thérèse ist zu diesem Zeitpunkt schon ein wenig berühmt –, meint sie lachend, der heilige Bischof Nikolaus wäre ihr lieber, „der hat drei kleine Kinder wieder zum Leben erweckt!" Und dem Arzt Dr. Cornière, der heute eine Besserung konstatiert und morgen wieder eine hoffnungslose Diagnose stellt, gesteht sie grimmig, es freue sie, daß er sie nicht daran hindern könne, in den Himmel zu gehen. „Aber wenn ich einmal dort bin, so will ich um all Ihrer Bemühungen willen dafür sorgen, daß Sie nicht so bald hineinkommen!" Tatsächlich erreicht Dr. Cornière das gesegnete Alter von 81 Jahren.

Welch bezaubernde Briefe sie zu schreiben vermochte, ist uns bereits bekannt. Ihre Schwester Céline vergleicht sie mit einem Musikinstrument, auf dem Jesus einst in der Ewigkeit spielen wird, neue Lieder die ganze Ewigkeit hindurch, „und niemand außer Céline wird sie singen können!" Am Tag, an dem die in den Karmel eingetretene Céline Profeß feiert, malt ihr Thérèse in einem endlos langen Brief ein Familienfest im Himmel aus – wobei sie, mit dezenter pädagogischer Absicht, den Kreis des „Familienclans" auf die ganze Gemeinschaft der Heiligen ausdehnt:

Um Mitternacht öffnet Petrus die Himmelspforten, „alsbald strömen mit Jubel ohnegleichen die Engel und Heiligen heraus, das Gefolge des Königs und der Braut zu bilden", nicht zu vergessen die von der Himmelskönigin zu diesem festlichen Anlaß befreiten Armen Seelen. „Nun steigt der ganze Himmel zur Erde nieder und findet die glückliche Braut vor dem Tabernakel hingestreckt … Jesus ergreift die Hand seiner lieben Céline und führt sie in die arme kleine Zelle …" Plötzlich erscheinen die verstorbenen Eltern mit den toten kleinen Geschwistern, prächtig gekleidet, und der silberhaarige Greis sagt: „Einst habe ich viel gelitten, da war Céline meine einzige Stütze. Jetzt will ich ihr Halt sein." Und der Hochzeitszug ordnet sich und schreitet Jesus und Céline voran, „die von ihrer himmlischen und ihrer irdischen Familie umgeben ist … Ich weiß nicht, ob die Himmelsbewohner jemals ein so schönes Fest erlebten, ich glaube nicht."

Das ist Thérèse, die kleine Karmelitin mit dem Löwenherzen, die Novizin, die andere Novizen so energisch und behutsam zugleich formt und ihren älteren Mitschwestern diskret Mut zu einem selbständigen Glauben macht, das Energiebündel, das der oben zitierte Graphologe mit einer Mimose und einem Krieger verglich, die vielschichtige Persönlichkeit, die sich selbst ein zaghaftes Vöglein nennt und davon träumt, ein Adler zu sein. Die Subpriorin Marie von den Engeln hat festgehalten, wie Thérèse damals auf ihre Mitschwestern wirkte: „Groß und stark mit dem Aussehen eines Kindes, ein Klang der Stimme, ebenso eine Ausdrucksweise, die in ihr die Weisheit, die Vollkommenheit und den Scharfsinn einer 50jährigen verhüllen. Eine immer ruhige Seele, sich selbst in allem und mit allen vollkommen besitzend."

Doch in Thérèses Aufzeichnungen aus jenen Jahren finden sich auch erste Todesahnungen – oder ist es nur das Erbe der im Hause Martin gepflegten morbiden Atmosphäre?

> *„Bald fliege ich fort, Dich zu loben,*
> *Wenn der Tag ohne Abend über mir aufgeht,*
> *Dann will ich singen*
> *Und spielen auf dem Instrument des Himmels,*
> *An jenem immerwährenden Heute."*

„Man muß durch den finsteren Tunnel gewandert sein"

Wenige Jahre, bevor Thérèse Martin in Lisieux die Einführung der Novizen ins Ordensleben übernimmt, hat der deutsche Pastorensohn und Philosoph Friedrich Nietzsche in seiner *Fröhlichen Wissenschaft* einen Narren geschildert, der mitten am Tag mit einer Laterne über den Marktplatz stolpert und die Leute fragt: „Wo ist Gott hingegangen? Ich werde es euch sagen. Wir haben ihn getötet, ihr und ich!"

Während intellektuelle Freigeister und liberale Theologen in Deutschland darüber streiten, ob Gott als Wirklichkeit endgültig passé ist oder nur ein bestimmtes Bild, das man sich von ihm gemacht hat, währenddessen durchlebt eine kleine Karmelitin in Frankreich einsam und verzweifelt alle Phasen der Gottverlassenheit. In der Osterzeit des Jahres 1896 hat sich mit nächtlichen Anfällen von Blutspucken ihre Todeskrankheit angekündigt, und gleichzeitig wird es auch in ihrer immer schon anfälligen und ängstlichen Seele finster.

Bisher hat sie sich gar nicht vorstellen können, daß ernsthafte Menschen ohne den Glauben an Gott zu leben vermögen. „Ich meinte, sie sprächen gegen ihre bessere Erkenntnis, wenn sie die Existenz des Himmels leugneten, des schönen Himmels, wo Gott selbst ihr ewiger Lohn sein möchte." So klar und sicher schien ihr der eigene Glaube, und der Gedanke an den Himmel habe ihr ganzes Glück ausgemacht.

Doch nun zerschlägt ihr Jesus selbst – so sieht sie es in ihrer Autobiographie — die ganze ruhige Gewißheit:

> „Er ließ zu, daß dichteste Finsternis in meine Seele eindrang und der mir so süße Gedanke an den Himmel bloß noch Gegenstand von Qual und Kampf war. Diese Prüfung sollte nicht nur ein paar Tage oder Wochen dauern, sie sollte erst zu der vom lieben Gott bestimmten Stunde erlöschen und diese Stunde ist noch nicht gekommen … Gerne wollte ich es ausdrücken, was ich erlebe, aber ach! es erscheint mir unmöglich. Man muß durch diesen finsteren Tunnel gewandert sein, um zu wissen, wie dunkel er ist."

Sie sieht sich in einem von dichtem Nebel eingeschlossenen Land, sie kann kein Sonnenlicht mehr erkennen, sie hat den Durchblick verloren. Der Glaube ist nicht mehr selbstverständlich, der Gedanke an Gott gibt keine Sicherheit mehr, sondern wird zur Bedrohung. Wieder vergleicht sie sich mit einem Vogel, diesmal aber mit einem, „der, vom Sturm hochgerissen, nicht zu glauben vermag, daß es noch etwas anderes außerhalb der Wolken gibt, die ihn einhüllen".

Die – von Retuschen befreiten – Fotografien aus dieser Zeit sprechen Bände. Wer auf die Platte gebannt werden wollte, mußte bei den schlechten technischen Möglichkeiten jener Anfangsjahre, vor allem wegen der langen Belichtungszeiten, bis zu zehn Sekunden unbeweglich posieren. So lange läßt sich kein Siegerlächeln halten, wenn es nicht echt ist. Und auch der von ihren Seelenzuständen verwirrten Thérèse sackt auf diesen späten Aufnahmen regelmäßig die tapfer zur Schau getragene Heiterkeit weg, der Blick wandert traurig ins Leere, Kinn und Wangen scheinen kraftlos nach unten zu sinken, um den Mund hat sich ein bitterer Zug eingegraben. Die Schwester Immerfroh der bunten Kirchengemälde verwandelt sich in eine enttäuschte, schwer depressive, früh gealterte Frau, die Zweifel und Verzweiflung gar nicht mehr zu verbergen sucht, weil es zu anstrengend wäre.

Doch kaum jemand in der Gemeinschaft ahnt, was in Thérèse vorgeht; zu nachhaltig hat der Zwang zur frommen Fassade diese seelisch und intellektuell meist recht einfach gestrickten Frauen geprägt. Die feinnervige Priorin, der die Autobiographie gewidmet ist, ahnt vieles, weigert sich aber allzulange, die ganze ernüchternde Wahrheit zur Kenntnis zu nehmen. Thérèse fühlt sich so verlassen, daß sie der ein Jahr jüngeren Marie de la Trinité et de la Sainte-Face, jener „kleinen Pariserin", die gerade erst ihre Gelübde abgelegt hat, ihre Zerrissenheit anvertraut.

Aber nein, das könne nicht sein, widerspricht Marie entsetzt, Thérèse erfreue den Konvent doch mit so „strahlenden Gedichten" und wunderschönen Theaterstücken! „Ich besinge, was ich glauben *will*", entgegnet Thérèse müde, „doch ohne jede Empfindung. Ich möchte Ihnen gar nicht schildern, wie schwarz die Nacht in meiner Seele ist, aus Angst, Sie mit meinen Anfechtungen anzustecken!"

Was ihr den Atem nimmt, ist nicht bloß ein vages Gefühl, sondern durchaus eine intellektuelle Versuchung. Ihrer Schwester Pauline, mit der sie nur andeutungsweise über ihre Nöte spricht, gesteht sie immerhin: „Die Argumente der schlimmsten Materialisten zwingen sich meinem Geist auf. O Mütterchen, muß man denn solche Sachen denken, wenn man den lieben Gott so lieb hat?"

Thérèse, die ohnehin nie viel von dem fundamentalistischen Bedürfnis nach Sicherheiten gehalten hat, sieht jetzt mit unerbittlicher Klarheit, wie riskant es ist zu glauben. Sie erkennt in lähmendem Entsetzen, daß man mit gutem Grund Atheist sein kann, daß der Unglaube nicht eine Folge von Verstocktheit oder Dummheit sein muß – ja, daß er eine realistische Möglichkeit auch für sie selbst darstellt!

In der „Nacht des Nichts"

„Ich kann nicht beten!" stößt sie im August 1897 hervor, wenige Wochen vor ihrem Tod. „Ich kann nur Maria an- schauen und sagen: Jesus!" Die Beziehung zur himmli- schen Mutter ist ihre letzte Hoffnung gewesen, wenn sie sich restlos in die Finsternis verstrickt sah. Maria in ihrer hartnäckigen Treue zum Sohn Jesus, den sie nicht mehr versteht, dem sie aber fraglos vertraut, Maria soll sich auch Thérèses furchtsamer Seele annehmen, „die ihn in der Nacht des Glaubens sucht". Die 25 Strophen des Lie- beslieds an Maria, in dem sich diese verzweifelte Bitte fin- det, enden zuversichtlich:

> „Bald werde ich hingehen, um dich
> im schönen Himmel zu schauen.
> Du, die du am Morgen meines Lebens kamst,
> Mir zuzulächeln, sieh, der Abend ist da!
> Ich fürchte den Glanz deiner höchsten Herrlichkeit
> nicht mehr,
> Habe ich doch mit dir gelitten …"

Doch nun geschieht das Schlimmste: Thérèse kann auch das Sterben nicht mehr als geraden Weg zu Gott sehen. Zeitgleich mit dem Beginn ihrer „Atheismuskrise" ist ihr klargeworden, daß sie nicht mehr lang zu leben hat. In der auf das Jenseits fixierten Familie Martin pflegte man auf solche Erkenntnisse mit einer Mischung aus Angst und Vorfreude zu reagieren, und speziell von Thérèse haben wir zahllose Äußerungen, in denen sie sich einen frühen Tod oder sogar das Martyrium wünscht.

Aber jetzt muß sie bestürzt feststellen, daß sie eigentlich nur noch den sichtbaren blauen Himmel über Lisieux schön findet; „der andere verschließt sich mir mehr und mehr". Der sehr frommen, aber immer etwas salbungsvollen Schwester Thérèse de Saint-Augustin gesteht sie traurig:

> *„Wenn Sie wüßten, in welche Finsternis ich versunken bin! Ich glaube nicht an das ewige Leben. Mir scheint, daß es nach diesem sterblichen Leben nichts mehr gibt. Alles ist für mich verschwunden. Es bleibt mir nichts mehr als die Liebe."*

Der Tod, den sie früher mit banger Freude herbeizusehnen vermochte, als Begleiter zur ewigen Herrlichkeit, erscheint ihr mittlerweile als das absolute Nichts. Aus dem Nebel, der das Licht des Glaubens verdunkelt und ihre Seele frieren läßt, ist eine „bis zum Himmel ragende Mauer" geworden. O ja, sie erinnere sich an die einstige Geborgenheit in den Armen Gottes, vertraut sie Marie de Gonzague an. Doch die wehmütige Rückschau beschert ihr nur doppelte Qual:

> *„... die Stimme der Gottlosen annehmend, scheint die Finsternis mich zu verhöhnen und mir zuzurufen: ‚Du träumst von Licht, von einer mit lieblichen Wohlgerüchen durchströmten Heimat, du träumst von dem ewigen Besitz des Schöpfers all dieser Wunderwerke, du wähnst eines Tages den Nebeln, die dich umfangen, zu entrinnen! Nur zu, nur zu, freu dich über den Tod, der dir nicht, was du erhoffst, geben wird, sondern eine noch tiefere Nacht, die Nacht des Nichts.'"*

Man hat lang und breit darüber spekuliert, wie weit die Krise bei Thérèse tatsächlich ging. Waren es „normale" Glaubenszweifel, wie sie jeder denkende Mensch erlebt, und wirkten sich diese Allerweltsprobleme bei der hochsensiblen und die kleinste eigene Schwäche unbarmherzig registrierenden Karmelitin bloß so katastrophal aus?

Hat sie nur die unbefangene Sicherheit des Glaubens verloren oder diesen selbst? Kam ihr die wärmende Nähe eines weiter geglaubten und geliebten Gottes abhanden, oder hat sie, ganz grundsätzlich, seine Existenz in Zweifel gezogen?

Im Grunde sind das alles müßige Fragen, in gefährlicher Nähe zu jener Rechnerei, die sie so verabscheute. Thérèse fühlte sich volle 18 Monate hundeelend, ins schwärzeste Dunkel gestoßen, verlassen und verloren, ohne Heimat und Zukunft – genügt das nicht?

Geholfen hat ihr jedenfalls niemand, auch die wenigen von Thérèse Eingeweihten nicht. Ein Priester, dem sie sich anvertraute, diagnostizierte dämonische Einflüsse; statt ihr die Ängste zu nehmen und das erschütterte Vertrauen auf Gottes Güte zu stärken, empfahl er ihr, das *Credo* mit ihrem eigenen Blut auf ein Blatt Papier zu schreiben und stets auf dem Körper zu tragen, um die Höllengeister abzuschrecken. Der Hausgeistliche des Karmel, der fromme Abbé Youf, spielte die Sache herunter: „Halten Sie sich bei solchen Gedanken nicht auf, das ist sehr gefährlich", riet er der verunsicherten Ordensfrau.

Das war zwar ein klügeres Rezept als das Blutritual, aber es führte auch bloß zu Verdrängung und Schuldgefühlen. In ihrer Selbstbiographie offenbart Thérèse genau diese Mechanismen: „Jesus, verzeih mir, daß ich Dir Kummer bereitet habe", schreibt sie und gelobt: „Da ich weiß, daß es feige ist, sich zu duellieren, kehre ich meinem Gegner den Rücken, ohne ihn eines Blickes zu würdigen." Genau das hätte sie aber tun sollen – in einer gründlichen geistigen und emotionalen Auseinandersetzung mit den Argumenten der „Gottlosen" und ihren eigenen Empfindungen.

Oder hat ihr kritischer Biograph Jean-François Six recht, wenn er die „Fahnenflucht", wie Thérèse selbst ihr Verhalten nennt, als die mit sicherem Instinkt gewählte ideale Lösung wertet? Er erinnert an ihre Begründung, wenn die Niederlage sicher sei, solle man den Kampf lieber von vornherein vermeiden, und findet es überaus weise, daß sie darauf verzichtet habe, im Kampf zwischen Skepsis und Glauben recht zu behalten. Im Wunsch, „Weiß und Schwarz möchten endlich unterschieden und Spreu vom Weizen getrennt sein", liege eine der gefährlichsten Versuchungen überhaupt. So leicht lasse sich der täglich neu zu führende „spirituelle Kampf" nicht gewinnen.

„Mein Wahnsinn besteht darin zu hoffen"

Vielleicht wußte sie auch einfach, daß sich Sinnlosigkeitsgefühle nicht einfach mit logischen Argumenten beseitigen lassen und daß man die verlorene Freude an Gott kaum durch Diskussionen wiedergewinnt. Und möglicherweise hat sie den Glaubenskrieg deshalb bewußt unentschieden und die Probleme stehen gelassen, weil sie sich von Tag zu Tag mehr solidarisch mit den Zweiflern und „Ungläubigen" fühlte und lieber gemeinsam mit ihnen vor den Richterstuhl des barmherzigen Gottes treten wollte, als sich hochmütig von ihnen abzugrenzen? „Ich *suche* die Wahrheit", bekennt sie einmal im Gespräch mit Jesus. Sie hat nicht behauptet, sie zu *besitzen*.

Thérèses Gottesbeziehung ist ein Trotzdem-Glaube, gleichzeitig nüchterner Entschluß und hartnäckige Leidenschaft. Sie liebt wie verrückt; spielt es da eine Rolle, ob sie ein Echo ihres Geliebten spürt? Sie liebt mit tapferer Treue; kommt es noch darauf an, ob ihre Gefühle erwidert werden? Unwichtig, ob sie in dieser Liebesbeziehung auf ihre Kosten kommt, wie es ein taktloser Beobachter ausdrücken würde. Liebe rechnet nicht, erst recht nicht die Liebe zu Gott.

Man müßte eigentlich erschrecken, macht man sich die durch Seligkeit und Krisen gegangene und in all dem wortlosen Leiden enorm gereifte Lebenserfahrung dieser so jungen und schon so weisen Frau klar, die keine Illusionen mehr hat, aber die Hoffnung nicht verliert und sich vor allem die Liebe nicht austreiben läßt. In einem ihrer letzten Gedichte nimmt sie sich vor:

„Wenn der blaue Himmel dunkel wird
Und wenn Er mich im Stich zu lassen scheint,
Besteht meine Freude darin, im Schatten zu bleiben,
Mich zu verbergen und klein zu machen.
Meine Freude, das ist der heilige Wille
Jesu, meiner einzigen Liebe.
So gehe ich ohne jede Furcht voran.
Ich liebe die Nacht ebenso sehr wie den Tag …
Und ich verdopple meine Zärtlichkeiten,
Wenn Er sich meinem Glauben entzieht.“

Wieder taucht das Bild vom Vögelchen auf, das vom Sturm gebeutelt wird. „Da scheint es nicht mehr glauben zu können, daß es auch noch etwas anderes gebe als die Wolken, die es einhüllen." Doch Thérèse fährt hintersinnig fort: „Dies ist der Augenblick der vollkommenen Freude für das arme und schwache kleine Wesen. Welches Glück, dennoch auszuharren und nach dem unsichtbaren Licht, das sich dem Glauben entzieht, Ausschau zu halten."

Man sieht Gott nicht, kann die himmlische Welt nicht mit Händen greifen. Und hat man beim Sezieren schon einmal eine Seele gefunden? Thérèse, die in ihrem weltvergessenen Klösterchen die Nöte ihres Zeitalters mitleidet, wird von den eher vulgären Beweggründen der Atheisten von damals umgetrieben. Die verzweifelte Frage, wie ein guter Gott soviel Leid und Gemeinheit in der Welt zulassen kann, warum ein allmächtiger Schöpfer seine Welt so vor die Hunde gehen läßt, die wird erst später auf breiter Front gestellt. Im Grunde ist es dasselbe Problem: An eine Liebe glauben, die man nicht spürt. Sich von einem Licht Kraft holen, das man nicht sieht.

Ihren elenden Zustand malt sie mit der sprudelnden Bildkraft aus, die uns an ihr so fasziniert. Sie ist ein Kind, das man auf dem Bahnsteig vergessen hat; die Züge rasen vorbei, und keiner nimmt es mit. Sie ist die durch die Welt wandernde Märchenfigur, die auf dem Weg alle ihre Schätze verliert. Sie ist Robinson auf seiner Insel, der vergeblich auf das rettende Schiff wartet. Sie tastet sich durch einen nur fahl erleuchteten unterirdischen Gang und weiß nicht, wohin er führt. Sie ist ein kleines Mädchen, dem man ein Stück Kuchen vor die Nase hält, und wenn es danach greifen will, wird die Hand weggezogen.

Aber etwas kann diesem armen Kind, diesem Robinson keiner nehmen: die Hoffnung. Eine zähe, verrückte Hoffnung: „Ich komme mir vor wie an einem Kletterbaum bei einem Fest, wo ganz oben der Preis winkt; immer wieder gleite ich hinunter, aber auf einmal werde ich droben sein." Die richtigen, die großen Heiligen hätten alle irgendwelche Wahnsinnstaten begangen, schreibt sie. „Mein Wahnsinn besteht darin zu hoffen ..."

Poetischer ausgedrückt, in einem Lied, das dem großen Karmeliten Juan de la Cruz gewidmet ist – auch er kennt, in einem etwas anderen Sinn, die *noche oscura*, die dunkle Nacht des Glaubens:

„Ohne Halt gehalten,
Ohne Licht und ganz in den Finsternissen,
Schreite ich voran und verzehre mich in Liebe."

„Ich will am Tisch der Sünder sitzen"

Aus der schwarzen Krise wächst ein gehärteter, bewußterer Glaube, das sieht sie selbst: Diese Prüfung nehme alles weg, „was meinem Verlangen nach dem Himmel noch an natürlicher Befriedigung anhaften könnte". Der Priorin sagt sie, es komme ihr vor, „jetzt hindert mich nichts mehr daran, fortzufliegen, denn ich habe keine große Wünsche mehr außer dem einen: zu lieben, bis ich vor Liebe sterbe". Und dann die erregende Erkenntnis: „Seit Er erlaubt hat, daß ich Versuchungen wider den Glauben unterliege, hat Er in meinem Herzen den *Geist* des Glaubens stark vermehrt."

Das heißt, die Infragestellung des auf Sicherheiten und überheblicher Selbstgewißheit basierenden Glaubens hat den echten, riskanten Glauben wachsen lassen. Jetzt erst ist er möglich geworden, der Sprung ins Ungewisse aus Liebe. Jetzt erst ist ihre Hingabe total, weil sie allein auf Vertrauen gegründet ist und keine andere Sicherheit hat als das früher einmal gegebene Wort des Geliebten, der jetzt so unbarmherzig schweigt.

Manche Passagen ihrer Autobiographie lesen sich, als schreie sie diesem Geliebten brutal die Wahrheit ins Gesicht: „Er weiß, daß ich die Freude des Glaubens nicht genieße, aber daß ich mich wenigstens bemühe, die Werke des Glaubens zu tun!" Und die im Januar ihres Todesjahres entstandenen Verse über die gut versteckten Tränen müssen nicht als Ausdruck von Heroismus gelesen werden; wer weiß, ob sie nicht einen bitteren Vorwurf enthalten, kurz vor dem Umkippen des heldenhaften Duldens in Verzweiflung und stumpfen Irrsinn?

„Wenn ich manchmal Tränen vergieße,
Ist es meine Freude, sie gut zu verbergen.
Oh, welchen Charme hat doch das Leiden,
Wenn man versteht, es unter Blumen zu verhüllen!
Ich will gerne leiden, ohne es zu sagen,
Damit Jesus getröstet sei!
Meine Freude ist es, Ihn lächeln zu sehen,
Während mein Herz in der Verbannung weilt."

Solidarität mit den Ungläubigen statt selbstgerechter Abgrenzung. Mehr und mehr begreift die große kleine Thérèse ihre Ungetröstetheit, ihre quälenden Zweifel und ihre Gleichgültigkeit dem Himmel gegenüber als Einladung, die „Gottlosen" zu verstehen und zu erkennen, daß in ihr selbst genau dieselben Abgründe sind. Sie begegnet den Skeptikern und Ungläubigen nicht mehr in der privilegierten Haltung des Besitzenden, der den Habenichtsen aus seinem Schatz austeilt: freundliche Aufmerksamkeit, eifrige Gebete, großherzige Sühne. Sie teilt nicht aus, sie teilt. Sie ist eine von ihnen.

Sie gleitet in eine eigenartige Doppelexistenz hinein: Sie hat an Kälte und Einsamkeit des Unglaubens teil – und hält gleichzeitig am Licht fest, das sie nicht mehr sieht. Sie steckt mittendrin in der schwärzesten Finsternis – und weiß doch, daß sich in ihr das Licht verbirgt, das verdunkelt, aber nicht erloschen ist. Wenn sie mehr Mut zum Glauben hat und weniger Angst vor der Gnade als die „Sünder" draußen vor der Klostermauer, dann ist es nicht ihr Verdienst, sondern Gottes irrationale Güte. Thérèse: „Ich akzeptiere, daß ich ohne Ihn ebenso tief hätte fallen können wie die heilige Magdalena."

„Mit einer Natur wie der meinen", sagt sie in der Rückschau auf ihre ichverliebte Kindheit, hätte sie ein „sehr böser Mensch" werden und sich vielleicht „verlieren" können. Es irritierte sie wenig, daß im Speisesaal bei der in Klöstern üblichen Tischlesung die erbaulichen Erörterungen eines gewissen Abbé Bouaud über die unterschiedliche Nähe zu Gott vorgetragen wurden: Die „Büßerseelen" wie Maria Magdalena dürften dem Herrn lediglich zu Füßen liegen, dozierte Bouaud, während der unschuldige Apostel Johannes an seiner Brust ruhe. Hauptsache, sich in Gottes Nähe aufzuhalten, wird Thérèse gedacht haben.

Sie ist schon viel, viel weiter als solche Richterseelen mit ihrem Schubladendenken. In einem der stärksten Texte ihrer Autobiographie sieht sie sich sozusagen als Kumpanin der Ungläubigen, als eine unter gleichen am „Tisch der Sünder" sitzend: Im Land der Finsternis, heißt es hier, vermöge man das Licht Gottes nicht zu begreifen.

„Dein Kind aber, o Herr, hat Dein göttliches Licht erkannt, es bittet Dich um Verzeihung für seine Brüder, es ist bereit, das

Brot der Schmerzen zu essen, solange Du es willst, und es will sich von diesem mit Bitternis beladenen Tisch, an dem die armen Sünder essen, nicht mehr erheben vor dem durch Dich bezeichneten Tag ... Darf es daher nicht auch in seinem Namen, im Namen seiner Brüder sprechen: Erbarme Dich unser, Herr, denn wir sind arme Sünder!"?

„Oh! Herr, entlasse uns gerechtfertigt", fährt sie fort und wünscht sich: „Mögen doch alle, die von der Fackel des Glaubens nicht erleuchtet werden, endlich ihren Lichtschein erblicken ... O Jesus, wenn es nötig ist, daß der von ihnen besudelte Tisch durch eine Dich liebende Seele gereinigt werde, so will ich gern das Brot der Prüfung einsam essen, bis es Dir gefällt, mich in Dein lichtes Reich einzuführen!"

Thérèse macht sich gemein mit den Sündern; sie sieht sich als ihre Schwester, nicht als ihre Missionarin; sie will am Tisch der Zweifler ausharren, nicht bloß einen unverbindlichen Besuch abstatten. Sie ist aber auch bereit – wenn das Gott lieber sein sollte –, einsame Stellvertretung zu leisten, nicht von oben herab, sondern im Wissen, daß die Sünde auch zu ihren Möglichkeiten gehört und das Nein zu Gott auch in ihr steckt. *„Wir* sind Sünder", sagt sie, und „erbarme dich *unser*" – nicht „erbarme dich *ihrer*", wie es christliche Tradition ist mit ihrer Versuchung zur frommen Heuchelei.

Schreie, die Gebete sind

Jean-François Six erinnert in diesem Zusammenhang an Thérèses uns schon bekannten Lernprozeß: Krieger und Apostel hat sie sein wollen, Kirchenlehrer und Märtyrer – und dann in einer plötzlichen Umkehrung begriffen, was ihre Sendung ist: „Im Herzen der Kirche, meiner Mutter, werde ich die Liebe sein!"

Six: „Wenn die Kirche nur ein bevormundendes Werkzeug der Mission ist, dann ist sie nicht die Kirche. Die Kirche ist zuerst das Herz einer Braut, die in Liebe zu dem brennt, der ihr das Leben und sein Leben gegeben hat. Die Kirche übt keine Barmherzigkeit, sie muß in ihrem Herzen ‚Barmherzigkeit‘, Liebe sein."

Die Tragödie bestehe darin, daß man sich so oft auf „missionarischen Eifer" berufe, um aus ganz anderen Gründen den Menschen das Evangelium aufzudrängen. „Theresia", meint Six, „hat einen wesentlichen Grund begriffen, aus dem viele Menschen ungläubig sind, einen Grund, warum die Güte Gottes eine Anzahl ihrer Zeitgenossen nicht erreicht: eben deshalb, weil die Botschaft des Evangeliums entstellt und durch zu viele Pharisäer verhüllt wurde, die zwei Klassen einführen wollen: die Aristokraten des spirituellen Lebens – sie selbst – und das Proletariat jener, die unfähig sind, ‚gut‘ zu sein. Wie könnte dieses Schauspiel, das sich aus der Teilung in ‚Reine‘ und ‚Unreine‘ ergab, anziehend sein?"

Thérèse empfindet da ganz anders: Auf dem Tiefpunkt ihrer Gottesfinsternis ringt sie sich zu dem Schrei durch – ein Schrei kann ein Gebet sein! –: „Ich bin froh, diesen schönen Himmel nicht schon auf Erden zu genießen, damit Du ihn auch den Menschen, die nicht glauben können, für die Ewigkeit erschließt."

Stellvertretung. Ein Mensch, der das Licht kennt und furchtbar darunter leidet, es nicht mehr zu sehen, verzichtet aus Liebe darauf – bewußt und für immer –, damit das Licht endlich zu den noch viel Unglücklicheren kommt, denen es bisher verborgen geblieben ist.

Thérèses kühles Desinteresse an Visionen und himmlischen Offenbarungen – erstaunlich in einer Zeit, die süchtig nach Marienerscheinungen und klagenden Stimmen aus dem Fegfeuer war! – paßt zu dieser harten, nüchternen, tapferen Frömmigkeit. „Ich wünsche nicht, den lieben Gott auf Erden zu sehen", stellt sie klar. „Nein, gar nicht. Und doch liebe ich ihn. Ich liebe auch sehr die Muttergottes und die Heiligen; aber auch sie wünsche ich nicht zu sehen. Ich ziehe es vor, im Glauben zu leben."

Und ein andermal, noch schroffer: „Ich kann mich nur von der Wahrheit nähren. Aus diesem Grunde habe ich nie nach Visionen verlangt. Man kann auf Erden den Himmel, die Engel nicht so sehen, wie sie sind. Ich will lieber bis nach meinem Tod warten."

Der Kreis schließt sich: Das verhüllte Gesicht des leidenden Christus, dem sie durch ihren zweiten Ordensnamen geweiht ist, begleitet sie in die schwarze Nacht der Gottverlassenheit. In einem Brief an ihre Schwester Pauline hat sie den ungewöhnlichen Wunsch geäußert, Jesus solle sie anschauen wie die „Nachtblumen" – jene seltenen Pflanzen, die ihre Blüten erst nach Sonnenuntergang entfalten.

Christi Angesicht ist verhüllt, das kann vieles heißen: Es ist entstellt und verunstaltet durch die Passion. Es ist verborgen im Schmerz über die Gleichgültigkeit der Menschen. Oder lädt die Verborgenheit dieses Antlitzes ein zu akzeptieren, daß man Gott auf Erden nicht greifen und besitzen kann, daß uns hier das Glauben aufgetragen ist und erst im Himmel das Schauen beginnt?

Der jüdische Denker Martin Buber scheint sich hier mit der weisen kleinen Nonne aus Lisieux zu treffen: In der Gottesfinsternis, das hebt auch Buber hervor, ist das Licht nicht erloschen, nur verborgen. Der verborgene Gott ist da, er ist ansprechbar, selbst wenn er nicht antwortet. Zur gegenwärtigen Stunde sei Gott eben nur in verhüllter Gestalt anwesend, das müsse man akzeptieren, tapfer, vertrauend. Wem das gelinge, für den beginne die Finsternis zu leuchten.

Thérèse setzte freilich ihre eigenen charmanten Akzente. Vielleicht könnte es der Mensch gar nicht ertragen, schreibt sie einmal, würde Jesus zu oft mit ihm sprechen: „Mein Herz würde brechen." In ihrem schönen Mariengedicht, kurz vor dem Sterben entstanden, bittet sie die Gottesmutter, ihrem Sohn etwas auszurichten:

„Sag ihm, er möge niemals auf mich Rücksicht nehmen!
Gerne kann er sich verbergen, und ich bin einverstanden, auf ihn zu warten
Bis zum Tag ohne Untergang, an dem mein Glaube erlöschen darf."

7

Die Nacht:
„Ich habe doch erst
so wenig gelebt"

„Nur für eine kleine Weile habe ich dich verlassen,
doch mit großem Erbarmen hole ich dich heim"

JESAJA 54

„Es wird keine Nacht mehr geben,
und sie brauchen weder das Licht einer Lampe
noch das Licht der Sonne.
Denn der Herr, ihr Gott, wird über ihnen leuchten"

APOKALYPSE 21

Aufs Ganze betrachtet, ist Thérèse keineswegs das zarte Pflänzchen gewesen, als das sie immer geschildert wird. Ihre Neigung zu Kopfschmerzen und Erschöpfungszuständen in der Pubertät hängt wohl auch mit der überbehütenden Erziehung und ihren seelischen Irritationen zusammen. Seit dem Zusammenbruch im zwölften Lebensjahr gab es keine schwere Krankheit mehr, und die Härten des Ordenslebens hat sie anfangs recht gut ertragen.

Die Lungenkrankheit, die zu ihrem frühen Sterben führte, dürfte also nicht auf eine grundsätzlich zu schwache Konstitution zurückgehen, für die der Eintritt in den strengen Karmel das Todesurteil bedeuten mußte. Allerdings ist es durchaus möglich, daß sich die knapp 19jährige bereits im frostklirrenden Januar 1892, bei der aufreibenden Pflege der grippekranken Mitschwestern, den Keim der Todeskrankheit geholt hat.

Vielleicht wäre sie wieder gesund geworden, hätte man ihren Zustand eher erkannt und konsequenter behandelt – und hätte sie in den eiskalten normannischen Wintern ein wenig Wärme in der Zelle gehabt. Doch im Karmel wurde damals prinzipiell nur ein einziger Gemeinschaftsraum geheizt, den Thérèse – Bußübungen zwar abhold, aber eisern in der Erfüllung der Regel – nur selten betrat. Erst nach Thérèses Sterben lockerte man in Lisieux bestürzt die strenge Vorschrift und erlaubte Öfen in den Zellen.

Es dauerte allerdings bis zum Karfreitag 1896, bis die ersten sichtbaren Anzeichen der Todeskrankheit auftraten. Die häufigen Halsentzündungen in den vorhergehenden Jahren hatte niemand besonders ernst genommen, und die im Karmel mit drakonischer Härte gehaltene Fastenzeit absolvierte Thérèse nach eigenem Bekunden mit Leichtigkeit; „nie hatte ich mich so kräftig gefühlt".

In der Nacht zu diesem Karfreitag aber, kaum hat sie den Kopf auf das Kissen gelegt, fühlt sie, „wie etwas einer Flut gleich aufstieg, kochend, bis zu meinen Lippen … Mir schien, ich hätte Blut gespien." Doch die Lampe ist bereits ausgeblasen, und sogar in dieser Situation hält sich Thérèse strikt an die Regel, die ein unnötiges Anzünden des Lichts verbietet. Erst am nächsten Morgen kann sie sich überzeugen: Sie hat Blut gespuckt.

„Ach! meine Seele wurde von großem Trost erfüllt. Ich war im Innersten überzeugt, daß Jesus mich am Gedächtnistage seines Todes seinen ersten Ruf vernehmen lassen wollte. Es war wie ein süßes und fernes Flüstern, das mir das Nahen des Bräutigams kündete."

Anständige Leute bekommen keine Tbc

Pflichtgemäß informiert sie die Priorin, fügt aber hinzu, eigentlich fehle ihr nichts, und man möge sie an den anstrengenden Riten des Karfreitags wie gewohnt teilnehmen lassen: Fasten bei Wasser und Brot, Liturgie und endlos langes Chorgebet; zwischendurch putzt sie im Kreuzgang die Fenster, bei eisiger Zugluft. Eine Novizin, die sie ablösen will, schickt sie fort. In der Nacht wieder das Blutspucken.

Der Arzt des Karmel, Dr. de Cornière, verschreibt die gängigen Mittel gegen Halsentzündungen: Kreosotöl, Jodtinkturen, kampferhaltigen Alkohol zum Einreiben, dazu schmerzhafte Ätzungen mit einem Glühstift. Im Sommer stellt Cornière einen hartnäckigen trockenen Husten fest; er sorgt dafür, daß sie Fleisch und stärkenden Wein bekommt, was ihr peinlich ist. Im Winter, wieder ohne Ofen, immer quälendere Hustenanfälle, Schmerzen in der Brust, Fieberschübe. Doch das Fieber ebbt ja immer wieder ab, wozu soll sie groß darüber reden? Nicht einmal um eine zusätzliche warme Decke bittet sie. Marie de Gonzague muß ihre ganze Autorität aufbieten, um ihr wenigstens das Anwärmen ihrer armseligen Bastschuhe aufzunötigen. „Die Heiligen sind mit ihren Bußwerkzeugen in den Himmel eingetreten, ich werde mit einem Fußwärmer ankommen", beschwert Thérèse sich grimmig.

Ihre Krankheit verschweigt sie genauso wie ihre seelischen Nöte. Sie steht um halb fünf Uhr früh auf – im Winter eine Stunde später –, fehlt nie beim Chorgebet, arbeitet in der Sakristei und in der Wäschekammer. Daß Dr. Cornière an seiner verharmlosenden Diagnose festhält, erscheint rätselhaft; er gilt als sehr gewissenhaft und engagiert. Daß anhaltendes Blutspucken auf Lungentuberkulose hindeutet, hätte ihm jedes medizinische Handbuch seiner Epoche sagen können.

Aber eine ausreichend gründliche Untersuchung war

wohl durch das Gitter des Sprechzimmers hindurch nicht möglich. Man muß auch berücksichtigen, daß über der „Schwindsucht" zu jener Zeit ein Tabu lag, ein Makel wie heute über Aids. Tbc bekamen die Armen in ihren stickigen Wohnlöchern, die übersensiblen Dichter und Künstler – Chopin ist ein typischer Fall – und die halbseidenen Existenzen mit ihrem ungesunden Lebenswandel, wie die „Kameliendame", die tatsächlich existierte und tatsächlich an der Schwindsucht starb. Normale, robuste Bürgersleute bekamen so eine Krankheit nicht.

So wird verständlich, daß Cornière noch im Juli 1897, knapp drei Monate vor Thérèses Tod, Entwarnung gab: „Es ist nicht Tuberkulose, es ist eine Lungenattacke, eine echte Lungenblutung." Oder scheute er sich, das Kloster in Aufregung zu bringen? Nahm er lieber die Ansteckungsgefahr in Kauf? (Thérèses Cousine und Novizin Marie Guérin starb 1905 ebenfalls an Tbc.)

Thérèse selbst, das muß zu Cornières Entlastung gesagt werden, hat ihre Erkrankung hartnäckig heruntergespielt. Es ist ja auch verstehbar, daß sie der Priorin Marie de Gonzague, die vom „Martin-Clan" ohnehin schon mit Bitten um eine schonende Behandlung der Jüngsten verfolgt wurde, nicht zusätzlich lästig fallen wollte. Die Rivalität zwischen Marie de Gonzague und der Ex-Priorin, Thérèses Schwester, ging jedenfalls auf Kosten der Kranken; die Oberin verweigerte den Martins lange den Wunsch, Thérèses Cousin Dr. La Néele zur Behandlung beizuziehen – was allerdings keinen Unterschied machte, denn er stellte dieselbe Fehldiagnose wie Cornière.

Vielleicht hat Thérèse instinktiv die Zusammenhänge zwischen der organischen Krankheit und dem desolaten Zustand ihrer Seele erspürt – neuere Arbeiten bringen die Lungen-Tbc mit Partnerverlusten und Depressionen in Verbindung, aber auch mit zwanghaften Ängsten und einer überstarken Mutterbindung – und sich deshalb gescheut, darüber zu sprechen? Aus diesen letzten Monaten sind von Thérèse zahllose Äußerungen überliefert, ohne daß daraus völlig klar würde, wie sie selbst ihren Zustand eingeschätzt hat.

Zeitweise ist sie so sorglos gewesen, daß sie mit dem Gedanken spielte, sich nach Indochina zu bewerben, nach Hanoi – eine ganz frische Neugründung des ebenfalls noch jungen Karmels von Saigon. Ihrem China-Missionar schreibt sie, wenn Jesus nicht bald komme, um sie in den himmlischen Karmel zu holen, werde sie zu dem in Hanoi aufbrechen.

Gleichzeitig registriert sie hellwach und voller Freude die Boten des bevorstehenden Todes. Am 9. Juni 1897 spricht sie mit ihrer Schwester Pauline darüber, im Stil ihres früheren Backfischgeplauders: „Im Evangelium steht, der liebe Gott wird kommen wie ein Dieb. Er wird kommen und mich ganz sanft stehlen. O wie gern möchte ich dem Dieb dabei helfen! ... Ich sehe ihn von ferne, und ich hüte mich zu schreien: Haltet den Dieb! Im Gegenteil, ich rufe ihn und sage: Hierher bitte, hierher bitte!"

Die Vorfreude auf den Himmel ist genauso echt wie die kreatürliche Angst vor dem Sterben. Echt sind auch die Schmerzen, die sie leidet, nicht nur körperlich. Walter Nigg hat wohl recht, wenn er ihre Klage über die Eiseskälte in der Zelle und auf den feuchten Gängen nicht nur buchstäblich verstanden wissen will: Die liebebedürftige junge Frau habe auch innerlich gefroren, gelitten unter dem Fehlen von seelischer Wärme und schwesterlichem Mitgefühl.

Natürlich hat Thérèse auch Zuwendung erfahren, mütterliche Zuneigung von älteren Nonnen und den schwärmerischen Respekt der einen oder anderen Novizin. Marie, Pauline, dann auch Céline und Marie Guérin waren in ihrer Nähe. Aber enge Freundschaften waren und sind in Klöstern aus guten Gründen nicht gern gesehen.

Thérèses disziplinierter Korpsgeist – „Solange ich mich noch schleppen kann, muß ich auf dem Posten sein" – mag ihr über vieles hinweggeholfen haben, menschliche Nähe konnte er ihr nicht ersetzen.

Ein elendes Sterben

„Es klingt, wie wenn eine Lokomotive in den Bahnhof einfährt!" Man muß schon mit einem frommen Galgenhumor gesegnet sein wie Thérèse, um die gräßlichen Hustenanfälle, die das Endstadium der Tbc ankündigen, so schildern zu können. Im April 1897 bricht die Krankheit voll aus, und jetzt beginnt der Konvent zu begreifen, wie es um das stets fröhliche Schwesterchen wirklich steht. Thérèse magert erbarmungswürdig ab, kann das Essen nicht mehr behalten. Jeden Nachmittag pünktlich um drei Uhr eine Fieberattacke, höllische Schmerzen in der Brust, permanente Atemnot mit Erstickungsanfällen, zwei bis dreimal am Tag Blutspucken, manchmal ein ganzes Taschentuch voll.

Marie de Gonzague, die Unberechenbare, schroff Autoritäre, erkennt betroffen, daß keine Hoffnung mehr besteht – und ihr Panzer aus ironischer Geringachtung und machtbesessener Schikane bricht in einem plötzlichem Gefühlssturm auf. Die Priorin wächst über sich hinaus in einer rührenden Fürsorge für das im Geheimen so geliebte Kind, knapp 24 Jahre alt, das ihr unter den Händen wegstirbt. Sie befreit Thérèse von allen Verpflichtungen im Konvent, bestellt Céline zur persönlichen Krankenpflegerin, gibt ihr eine Zelle neben dem Krankenzimmer und trägt den Schwestern Martin auf, sich in der Betreuung der Patientin abzulösen. Keine Spur mehr von der eifersüchtigen – aber auch notwendigen – Obstruktionspolitik gegen den Familienclan.

Bei Thérèse löst die plötzliche Welle von Aufmerksamkeit und Respekt keineswegs Triumphgefühle aus – zumal es auch jetzt noch nicht an giftigem Neid fehlt, genährt von der „Sonderbehandlung" auf der Krankenstation. „Man sieht sie gar nicht die Tugenden üben", der boshafte Ausspruch wurde bereits zitiert. Später, als sie nach den Sterbesakramenten verlangt, werden sich manche amüsieren, ach, so schlimm sei es wohl auch wieder nicht, welche Blamage, wenn die verwöhnte Dame bald gut erholt wieder aufstehen wird! Wieder einmal wird Thérèse ihre Tapferkeit zum Verhängnis. Man sieht sie still lächelnd in süßem Nichtstun vor dem Krankenzimmer in der Sonne sitzen, in dem Rollstuhl, den zuletzt der Vater benützt hat – und bedenkt nicht, daß ein Auf und Ab von Besserung und Krise zum Krankheitsbild der Schwindsucht gehört und daß jeder Schweißausbruch, jeder Hustenanfall die arme Kreatur zu Tode erschöpft.

Manche vom Arzt verordneten Maßnahmen wie Abreibungen und glühende Ätzungen bringen eher sinnlose Qualen als Hilfe. Innerlich ist sie grausam allein, trotz ihrer ständig verfügbaren Kleinfamilie und obwohl immer wieder einmal eine von den Nonnen hereinschaut, um etwas Nettes zu sagen. Von den wirklichen Nöten eines sterbenden Menschen haben sie wenig Ahnung, geschweige denn von einer Glaubenskrise, die Gott nicht mehr wahrnimmt und an der seligen Zukunft nach dem Tod zweifelt. Eine Mitschwester liest ihr aus einem erbaulichen Buch vor und fragt eifrig, ob sie denn nun getröstet sei. „Nein", erwidert Thérèse freundlich bedauernd, „genauso gut hätten Sie mir irgend etwas vorsingen können!"

Agnès de Jésus, ihre Schwester Pauline, schleppt wie einst Goethes Famulus Eckermann ständig Notizblätter mit sich herum, um jeden erleuchteten Gedanken des bewunderten Schwesterchens aufzeichnen zu können; kaum setzt sie sich zu Thérèse ans Bett, zückt sie schon den Bleistift – exakt 714 Aussprüche hat sie auf diese Weise gesammelt. Sie meint es gewiß gut in ihrem Bestreben, die noch unter den Lebenden Weilende möglichst früh zur Heiligen zu stempeln; Thérèse selbst kann es aber wohl nur als geschmacklos empfinden, wenn sie dauernd nach ihren besonderen Gnaden gefragt wird und wenn aufregende Prophezeiungen von ihr erwartet werden.

Sie habe wohl viel kämpfen müssen, um zur Vollkommenheit zu gelangen, will Agnès in ehrfurchtsvollem Ton wissen und verspricht ihr lebhaft, sie werde alles tun, „um Ihre Tugenden später zur Geltung zu bringen". – Nur den lieben Gott dürfe man zur Geltung bringen, erwidert ihre Schwester entsetzt; an ihrem „kleinen Nichts" sei überhaupt nichts dran.

Seelen, die zur vollkommenen Liebe gelangt seien, sähen nach einer Theorie des heiligen Juan de la Cruz ihre eigene Schönheit, behauptet die hartnäckige Agnès einige Tage später. – „Welche Schönheit?" fragt Thérèse müde zurück. „Ich sehe keine Schönheit, ich sehe nur die Gnaden, die ich vom lieben Gott empfangen habe. Sie irren sich immer!"

Agnès am 4. September 1897: „Sie wollen doch sicher lieber sterben als leben?" – Thérèses Antwort: „O Mütterchen, ich ziehe weder das eine noch das andere vor ... Was der liebe Gott vorzieht und für mich wählt, das ist es, was mir besser gefällt."

Agnès am 24. September, sechs Tage vor Thérèses Tod: „Haben Sie eine Vorahnung, an welchem Tag Sie sterben werden?" – „O Mutter, Vorahnungen!" lacht Thérèse wegwerfend. „Wenn Sie wüßten, wie armselig ich bin! Ich weiß nichts, was Sie nicht auch wissen ..."

Die besitzergreifende Liebe des Elternhauses holt das Nesthäkchen am Sterbebett ein. Sie leide ja gern alle ihre Nöte mit, eröffnet Agnès der Todkranken, „aber danach muß jede Erinnerung für mich sanft sein, und ich will nichts Neues mehr erfahren müssen". Eifersüchtig meldet sie einen Exklusivanspruch auf Thérèses Probleme und Gedanken an, verlangt aber gleichzeitig, mit Rücksicht behandelt zu werden. In der Tat, ihr ängstliches Wesen und ihre ganz im Konventionellen verhaftete Frömmigkeit vertragen keine Störung durch eine unkontrollierte Ideenwelt.

Céline, die Künstlerin, geistig weniger schwerfällig als die ältere Schwester, versteht Thérèses Kämpfe besser, erweist sich aber plötzlich ebenfalls als egozentrische Mimose. Wohl aus Ärger über die Art, wie die Ex-Priorin

Agnès Thérèse mit Beschlag belegt, wird sie in der Pflege nachlässig und macht schnippische Bemerkungen im Krankenzimmer: „Hier riecht es nicht gerade nach Rosen."

Späße im Angesicht des Todes

Ein verwirrendes Spannungsverhältnis herrscht in diesem Kloster und noch einmal verstärkt unter den Schwestern Martin, eine Atmosphäre, unheimlich und allzu menschlich zugleich, eine enge Zwangsgemeinschaft ohne Privatsphäre und Ausbruchsmöglichkeiten. Die unfreiwillig zum Mittelpunkt dieser Käfigwelt gewordene Kranke setzt eifersüchtige Empfindlichkeit und resolute Hilfsbereitschaft frei, wird als hilfloser Pflegefall vereinnahmt und zur Heiligen verklärt, bespöttelt und angebetet.

Doch noch einmal geschieht ein Wunder in Thérèses kurzem Leben: Mitten in diesem emotionalen Chaos aus Liebe und Unterwerfungsgelüsten, Bigotterie und echtem Glauben bleibt sie souverän, emanzipiert sich mit ruhiger Sicherheit immer stärker von den an sie gerichteten Erwartungen und erteilt den am Sterbebett auf Offenbarungen lauernden Schwestern lächelnd bittere Lektionen.

„Gott wird Sie im Himmel zwischen die Seraphim stellen!" prophezeien sie der Schmerzgeplagten zum Trost – und ernten die trockene Antwort, sie werde sich hüten, dort hinzugeraten, denn nach Auskunft der Bibel versteckten sich die Seraphim hinter ihren großen Flügeln, um Gottes Majestät nicht sehen zu müssen. Nichts für Thérèse, die sich doch schon so auf Gottes Anblick freut!

„Die Engel werden kommen, Sie abzuholen!" Und die ebenso zaghafte wie unverhohlen egoistische Frage: „Vielleicht haben wir im Augenblick Ihres Todes eine himmlische Vision, die uns tröstet?" – O nein, das passe nicht zu ihr, lehnt die kleine Thérèse bescheiden ab. „Ich würde ja gern einen ‚schönen Tod' haben, um Ihnen

Freude zu machen", fügt sie hinzu, aber man möge doch daran denken, welch gräßlichen Todeskampf sogar Christus gehabt habe, der als „Opfer der Liebe" gestorben sei.

„Woran werden Sie sterben?" fragen die Schwestern, vor Neugier platzend und irgendeine süßliche Floskel erwartend á la „an übergroßer Liebe" oder „von Gott gezogen". – „Na, ich denke, am Tod", gibt Thérèse ungerührt zur Antwort.

Die Überlieferungen aus diesen letzten Monaten und Wochen sind mit Vorsicht zu genießen. Zu offensichtlich ist der Zweck, das Schwesterchen zum Kultobjekt zu stilisieren, zum gottgefälligen Orakel, das im Angesicht des Todes am laufenden Band druckreife Weisheiten von sich gibt. Von den Notizblättern, die Agnès damals stets bei sich hatte, konnte nur ein einziges aufgestöbert werden; fast alle ihre Aufzeichnungen brachte sie erst Jahrzehnte später, als Thérèse bereits zur Ehre der Altäre erhoben war, in einem Bestseller mit dem Titel *Letzte Gespräche mit der heiligen Thérèse vom Kinde Jesus* unter die Leute. Céline und Marie steuerten ebenfalls solche Sammlungen Goldener Worte bei, die in der Literatur meist unkritisch auf eine Stufe mit den von Thérèse selbst verfaßten Schriften gestellt wurden, was eine völlig unwissenschaftliche Methode ist.

Zum Glück besitzen wir aus den letzten Monaten noch etliche Briefe aus der Hand Thérèses, an Léonie, die Familie Guérin, ihre Missionare in Algier und China. Und bei den beiden Prozessen zur Selig- und Heiligsprechung wurden zahlreiche Aussagen jener eher hölzernen Gemüter unter Thérèses Mitschwestern protokolliert, denen Paulines und Célines Geschick abging, eine kleine Nonne zur makellosen Ikone zu machen. Ihre Erinnerungen sind dürrer und schlichter, manchmal etwas einsilbig – und deshalb überaus glaubwürdig.

Aus all diesen Quellen zusammen läßt sich – bei aller gebotenen Distanz – nun doch ein zumindest annäherndes Bild von Thérèses Verhalten auf dem Sterbebett gewinnen. Ganz sicher ist sie immer noch eine Quelle der Freude für den ganzen Konvent gewesen.

Manche huschen heimlich auf einen Sprung ins Krankenzimmer, um sich Aufmunterung zu holen. Ihre Cousine Marie Guérin schreibt ihren Eltern: „Es macht ihr Spaß, mit uns über all das zu sprechen, was nach ihrem Tod geschehen wird. So wie sie uns das erzählt, muß man dort, wo man eigentlich weinen müßte, hellauf lachen, so lustig führt sie sich auf. Sie läßt alles an uns vorüberziehen, das macht sie glücklich, und sie schildert es in Ausdrücken, die uns herzlich lachen lassen. Ich glaube, sie wird lachend sterben, so heiter ist sie!"

Die Anekdoten aus dieser Zeit sind Legion. Ihr Bett – dasselbe, in dem die von ihr gepflegte Mutter Geneviève gestorben ist – nennt sie ein unglückliches Möbel: „Wenn man darin liegt, versäumt man immer den Zug!" (Mutter Geneviève, die eine zähe Natur war, hatte zweimal die Krankensalbung empfangen, sich jedesmal wieder erholt und war erst nach der dritten Spendung des Sakraments gestorben.) Den Ärzten gibt sie sonderbare Spitznamen, die Merkwürdigkeiten ihrer Mitschwestern macht sie mit wachsender Perfektion nach, und als ihre Tante zu Besuch kommt, wünscht sie sich Apfeltorte und Mohrenkopf; sie habe lange genug „wie eine Märtyrerin gegessen".

Am 8. August bittet sie um die Krankensalbung, aber wieder einmal tritt eine plötzliche Besserung ein, und der Priester möchte die Spendung des Sakraments lieber aufschieben. „Ich verstehe das Handwerk noch nicht", erklärt Thérèse lakonisch und nimmt sich vor, beim nächsten Mal besser vorbereitet zu sein; sie wird eine Tasse Milch trinken, die kann sie nämlich nicht ausstehen, und danach wird sie bestimmt einen jammervollen Anblick bieten. Ein andermal spricht sie nach so einer ärztlichen Triumphmeldung traurig vom „Dieb", also Gott, der sie wohl noch nicht holen wolle: „Der Dieb ist wieder gegangen!"

Als sie mitbekommt, wie im Nebenzimmer der Strohsack hergerichtet wird, auf dem die verstorbenen Schwestern bis zur Beerdigung aufgebahrt werden – dummerweise hat man die Tür einen Spalt offenstehen lassen –, ruft sie fröhlich aus: „Ach, da ist ja unser Strohsack! Da hat man ihn gleich zur Hand, um meinen Kadaver aufzunehmen ... Aber den Leuchter da müßt ihr mir nicht geben, der ist zu häßlich."

Die Priorin und Dr. de Cornière sprechen über das Grundstück, das der Karmel auf dem städtischen Friedhof dazugekauft hat, weil im alten Klostergrab kein Platz mehr ist. „Also ich werde es sein, die den neuen Friedhof einweiht?" wirft Thérèse lachend dazwischen und malt sich amüsiert ihren Abschied von der Welt aus: „Ich höre schon einen Leichenträger schreien: ‚Den Strick dort nicht so stark anziehen!' Und ein anderer ruft: ‚Da rüberziehen! Hoppla! Obacht! Uff, das haben wir geschafft.' Man wirft Erde auf meinen Sarg, und alle gehen fort."

Cornière und die Priorin finden solche Witze makaber, aber Thérèse beharrt darauf, was solle ihr das schon ausmachen, in welches Grab sie gelegt und wie tief sie in die Erde gesenkt werde?

Höllische Qualen und Selbstmordgedanken

Doch die immer zu Späßen aufgelegte Patientin leidet furchtbar. Am 17. August erklärt Dr. de Cornière, beide Lungen seien so geschädigt, daß Thérèse nur noch ein paar Tage zu leben habe. Ihr Bauch ist hart wie Stein geworden, in den Eingeweiden toben mörderische Schmerzen, die Kranke kann nur noch stoßweise Luft holen, unter Schreien, der Körper wird buchstäblich von innen her zerfressen. Während der endlosen Hustenanfälle fühlt sie sich, als säße sie „auf eisernen Spitzen". An zwei Stellen dringen die Knochen durch die ausgemergelte Haut. „Ich habe diese Krankheit noch nie in solcher Form erlebt", bekennt der hilflose Cornière, „es ist grauenvoll, was die Patientin durchmachen muß."

„O wie ist das scheußlich, zu verhungern", stöhnt Thérèse, „o mein Gott, komm und hole mich bald!" Mit den körperlichen Qualen nehmen Verzweiflung und innere Leere zu. „Es ist möglich, daß ich den Verstand verliere", flüstert sie verstört, „o wenn man wüßte, was ich durchmache! ... Ich, die ich mir so sehr alle möglichen Arten des Martyriums gewünscht habe – ach, man muß drinstecken, um zu wissen, was das heißt!" Früher hat sie über die Leute gelächelt, die überall den Satan und seine Brut am Werke sahen; der Christus, dem sie kindlich vertraute, war selbstverständlich stärker! Jetzt fühlt sie den Teufel um ihr Bett schleichen; „er peinigt mich, er hält mich wie mit eiserner Hand ..., er verstärkt meine Qualen, damit ich verzweifle. Und ich kann nicht beten!"

Wenige Jahre, und die „Wunderblume" von Lisieux wird zum makellosen Idol der Frommen auf der ganzen Welt geworden sein. Doch im Sommer 1897 ist sie ein gottverlassenes elendes Wesen, das sich heulend vor Schmerzen auf dem eisernen Bettgestell windet und mehr als einmal an Selbstmord denkt: Sie sollten darauf achten, niemals gefährliche Medikamente am Bett stehen zu lassen, wenn sie wieder „solche Kranke" zu betreuen hätten, schärft sie ihren Pflegerinnen ein. „Ich versichere Ihnen, es braucht nur einen Augenblick, um die Besinnung zu verlieren, wenn man derartige Schmerzen hat!" Und kopfschüttelnd wundert sie sich darüber, „daß es nicht viel mehr Leute unter den Gottesleugnern gibt, die sich umbringen".

„Ja, mein Gott, ja, ja", flüstert sie mit letzter Tapferkeit vor sich hin, „ich will alles!" Es seien doch die Arme Gottes, in die sie hineinstürzen werde. Aber dann bäumt sie sich auf wie jeder Mensch, der an dieser armen Erde hängt: „Ich habe doch erst so wenig gelebt!"

Sie ist schon vor ihrem Tod am Ende, rührend bemüht, die Mitschwestern und den fernen Bräutigam im Himmel nicht zu enttäuschen, aber verbittert, ausgebrannt. „Wovon sollen wir heute sprechen?" zwitschern Pauline,

Céline und Marie mit künstlicher Unternehmungslust, als sie einmal alle drei am Bett der Kranken sitzen. „Am besten wäre es, überhaupt nicht zu reden", gibt Thérèse tonlos zur Antwort, „denn, um ehrlich zu sein, da gibt's nichts zu sagen."

„Ich kann nicht beten", stellt sie traurig fest. „Ich kann nur die heilige Jungfrau anschauen und sagen: Jesus!" Ziemlich sarkastisch schreibt sie Pater Roulland nach China:

> *„Der Gedanke an die ewige Glückseligkeit läßt mein Herz kaum höher schlagen. Seit langem ist mir das Leiden zu meinem Himmel auf Erden geworden, und ich habe wirklich Mühe, mir vorzustellen, wie ich mich in einem Land akklimatisieren soll, wo die Freude ohne jede Beimischung von Traurigkeit herrscht … Was mich zur himmlischen Heimat zieht, ist der Ruf des Herrn, ist die Hoffnung, ihn endlich zu lieben, wie ich es so sehr gewünscht hatte … Mein Bruder, Sie haben keine Zeit, mir Ihre Aufträge für den Himmel zu übermitteln, aber ich errate sie, und Sie brauchen sie mir auch nur ganz leise zu sagen."*

Kreatürliche Todesangst – „Wie werde ich mich nur anstellen beim Hinübergehen?" – paart sich mit einer wilden Lust am Sterben. Sie betrachtet ihre abgemagerten Hände und lächelt: „Da kommt schon das Skelett zum Vorschein, wie freue ich mich darüber!" Sie ist gespannt auf die „Schrecken des Grabes" und malt sich – in biblischer Sprache – aus, wie ihre „zerschlagenen Gebeine frohlocken", wenn Agnès eines Tages neben ihr bestattet wird.

Immer wieder überwältigt ihre tapfere Heiterkeit die Finsternis, die in ihr herrscht; sie summt ein Liedchen aus ihrer Heimat vor sich hin und meint, vielleicht werden das die Heiligen singen, wenn sie die Himmelspforte hinter ihr schließen:

> *„Endlich haben wir dich,*
> *Du kleine graue Maus,*
> *Endlich haben wir dich,*
> *Und wir werden dich behalten!"*

Und den mörderischen Schmerzen zum Trotz schenkt sie ihren nicht immer taktvollen, aber unermüdlichen Pflegerinnen zum Dank den ganzen Charme, über den sie verfügt: „Ich hab Sie sehr lieb, aber sehr!" flüstert sie Mutter Agnès zu; „geben Sie mir einen Kuß, aber einen, den man hören kann; die Lippen müssen *pit* machen! … Sie sind für mich wie ein Lied …, sogar wenn Sie nichts sagen."

Ein Schulheft revolutioniert die Theologie

Im Juni, ein Vierteljahr vor ihrem Tod, hat sie im Rollstuhl sitzend mühsam ihre Lebensgeschichte zu Ende gekritzelt, mit einem Bleistiftstummel; der Federhalter war ihr mehrmals aus der zitternden Hand gefallen. Die Autobiographie ist nicht Thérèses Idee gewesen – untypisch für diesen die eigene Entwicklung so unbarmherzig genau beobachtenden und analysierenden Menschen –, sondern eine Auftragsarbeit. Pauline – sie ist noch Priorin – drückt ihr im Januar 1895 ein Schulheft in die Hand, „bestellt" allerdings keine religiöse Selbstbiographie, sondern – für Pauline ist das wiederum typisch – die Familiengeschichte der Martins.

Denn nichts anderes können die „Kindheitserinnerungen" werden, die Thérèse niederschreiben soll. Papa Martin ist nun ein halbes Jahr tot, und die Vorwürfe wollen nicht verstummen, die Klosterträume seiner Töchter hätten ihm das Herz gebrochen. Das für sein Erzähltalent bekannte Schwesterchen soll die Lästerzungen zum Schweigen bringen, indem es herzbewegend schildert, wie fromm und zärtlich es im Hause Martin zugegangen ist und daß man dort eigentlich schon wie in einem Klösterchen zusammenlebte.

Das dicke Manuskript, das Mutter Agnès ein Jahr später erhält, scheint diese Erwartungen auf den ersten Blick auch zu erfüllen. Eine Menge Alltäglichkeiten aus einem ganz durchschnittlichen Kleinbürgerhaushalt zu hoher

Bedeutung aufgeblasen, lauter private Episoden und Gespräche, die einen Außenstehenden langweilen müssen.

Textprobe: „Eines Tages zog Pauline unter ihrem Kopfkissen ein hübsches Federmesserchen hervor, das ihr gehörte, und schenkte es ihrem Töchterchen [*Thérèse, die gerade krank im Bett liegt*], das darüber in unbeschreibliches Entzücken versank: ‚O Pauline‘, rief es aus, ‚so lieb hast du mich also, daß du dein schönes Messerchen hergibst, mit einem Stern aus Perlmutter darauf! ... Aber wenn du mich so lieb hast, würdest du am Ende deine Uhr hergeben, um mich am Sterben zu hindern?‘ ... – ‚Nicht nur um dich am Sterben zu hindern, gäbe ich meine Uhr her, gleich würde ich sie opfern, allein schon um dich bald gesund zu sehen.‘ Als ich diese Worte von Pauline hörte, waren mein Staunen und meine Dankbarkeit so groß, daß ich es nicht auszudrücken vermag ... Im Sommer wurde mir bisweilen schlecht. Pauline pflegte mich auch dann mit Zärtlichkeit; um mich zu unterhalten, was das beste Heilmittel war, fuhr sie mich in einer Schubkarre rings um den Garten spazieren, hieß mich dann aussteigen und setzte statt meiner eine hübsche kleine Maßliebchenpflanze hinein, die sie vorsichtig bis zu meinem Gärtchen spazierenfuhr, wo sie mit großem Pomp eingepflanzt wurde ...“

Und so geht es endlos weiter, Seite um Seite. Thérèschen, das in den Putzeimer fällt („in den Eimer!!! ... ich füllte den Eimer aus wie ein Hühnchen sein Ei!“). Thérèschen, das Papa einen Gutenachtkuß gibt und Pauline jeden Abend aufs neue fragt: „Werden die Engelein mich umschweben?“ Pauline, die eine von Thérèses Puppen als Karmelitin verkleidet. Auf dem ausführlich beschriebenen Weg zum Ordensleben eine Frömmigkeit, die oft genug allen Klischees der Zeit entspricht. Der Stil ist meist ermüdend konventionell und formelhaft.

Man versteht jene irische Karmelpriorin, die nach der Lektüre der Autobiographie grimmig lachend äußerte, wenn das schon Heiligkeit sein solle, dann könne man auf der Stelle ihren ganzen Konvent heiligsprechen – später hielt sie mehr von Thérèse, aber nur, weil sie die Nachrichten von den vielen Wundern beeindruckten. Sogar Agnès, die genau so ein Schriftchen bestellt hat, ist enttäuscht: „Nett", aber nicht ernsthaft genug, urteilt sie. Thérèse hätte mehr über ihre religiöse Entwicklung schreiben sollen.

Freilich, das muß man der Fairneß halber erwähnen, beurteilt die Autorin selbst ihre ursprünglich für den rein privaten Gebrauch gedachten Aufzeichnungen überaus kritisch. Sie habe sich bestimmt schlecht ausgedrückt, und ihrer konfusen Geschichte fehle der rote Faden, gibt sie zu; doch schließlich schreibe sie nicht aus literarischen Ambitionen heraus, sondern aus Gehorsam. Sollte sie im Moment keine Lust zum Lesen haben, ermuntert sie Marie de Gonzague, der das letzte Stück ihrer Notizen gewidmet ist, „so werden sie Ihnen vielleicht in Ihren alten Tagen Zerstreuung verschaffen und nachher zum Anzünden Ihres Feuers dienen ...".

Wer beim ersten unvorteilhaften Eindruck nicht stehenbleibt und sich intensiver in die Lektüre vertieft, wird außerdem unter all den Banalitäten und Klischees eine Menge echter Perlen finden, unverbrauchte Bilder, kühne theologische Gedankenflüge, Kabinettstückchen eines frischen, unbefangenen Glaubens; wir haben sie oft genug zitiert. Thérèse liefert immer wieder den erregenden Beweis, daß Frömmigkeit viel mit gelassenem Humor zu tun hat und mit der Fähigkeit, die komische Seite all der schrecklich wichtigen irdischen Probleme zu sehen.

Unversehens offenbaren auch diese streckenweise so faden Notizen wieder den eigenständigen, befreienden Charakter des *kleinen Weges*. Was als Loblied auf eine fromme Familie gedacht war, wird zu einem dezenten Protokoll der Gnaden, die Gott einem schüchternen Mädchen geschenkt hat, und zu einem Generalangriff auf all die negativen, deprimierenden Gottesbilder, die noch in unsere Zeit hineinwirken. Thérèses Beispiele und Chiffren mögen oft naiv und gewöhnlich klingen, zusammengenommen verkünden sie wie mit einem Paukenschlag die Rückkehr zu dem barmherzigen, zärtlichen, mütterlich besorgten, leidenschaftlich liebenden Vater im Himmel, den die Propheten und Jesus von Nazaret so kraftvoll verkündet haben und den jetzt ein kleines Fräulein in einem französischen Provinznest wiederentdeckt.

„Ich kann und will nicht alles erzählen", deutet sie plötzlich mitten im Text an. „Es gibt Dinge, die ihren Duft verlieren, sobald sie der Luft ausgesetzt werden." Was sie sagen will, verbirgt und verschleiert sie wie so oft unter den gängigen Frömmigkeitsformeln und bekannten Familienepisoden. Oft sind es kleine Nuancen, verhaltene Kommentare, ein unerwarteter Satz im Gespräch, die aufhorchen lassen und verraten, welch aufrührerische Kraft im *kleinen Weg* steckt.

Das genannte Schulheft, dazu ein Haushaltungsheft und fünf Blatt schäbiges Briefpapier genügen, um eine religiöse Revolution zu formulieren. Den von Mutter Agnès angeregten ersten Teil hat sie in ihrer Zelle geschrieben, in den kargen Mußestunden – Minuten müßte man gerechterweise sagen –, beim Schein einer schlechten Funzel. „Um mein ,kleines Leben' zu schreiben, zerbreche ich mir den Kopf nicht", bemerkt sie, „es ist, als ob ich beim Angeln wäre; ich schreibe das, was gerade heraufkommt."

Im September 1896 fügt sie einen Brief an ihre älteste Schwester Marie dazu, der die Erfahrungen der damaligen Exerzitien in Worte faßt, darunter vor allem die Erkenntnis, worin ihre eigentliche Berufung besteht: „Im Herzen der Kirche werde ich die Liebe sein!" Den letzten Teil der Autobiographie – jetzt bewußt als Geschichte ihrer spirituellen Entwicklung gestaltet – verfaßt sie im Juni 1897 für Marie de Gonzague, im Rollstuhl, mit letzter Kraft, ständig gestört von Mitschwestern, die ihr etwas erzählen oder sie trösten wollen.

„Im Himmel werde ich eine kleine Diebin sein"

Dieser letzte Teil des Schriftenkonvoluts, das ein Jahr nach Thérèses Tod unter dem Titel *L' histoire d'une âme,* „Geschichte einer Seele", gesammelt publiziert wird, läßt eine interessante Verschiebung in ihrem Selbstbild erkennen: Die scheue Nonne, die versteckt und unbeachtet in ihrem stillen Klösterchen der himmlischen Hochzeit entgegengehen wollte – um „zwischen den herrlichen Blumen, die der liebe Gott dort hat", bloß „ein kleiner Moosstengel" zu sein –, fühlt sich plötzlich berufen, ihren *kleinen Weg* der ganzen Welt bekanntzumachen. Und während sie von Zweifeln geschüttelt wird, ob das jenseitige Glück nicht bloß eine fromme Illusion ist, macht sie eifrig Pläne, welche Aktivitäten sie bald vom Himmel aus entfalten will!

Ihre globale Mission, ihre Rolle als Schutzpatronin und die segensreiche Wirkung des *kleinen Weges* für die Gläubigen des kommenden Jahrhunderts werden zur hartnäckig verfochtenen Idee. Auf einem armseligen Bettgestell in einem Kloster, das weder Tradition noch geistige Ausstrahlung besitzt, stirbt eine Nonne, die keiner kennt, langsam einen elenden Tod – und träumt davon, vom Himmel her die Welt zu verändern. Es ist der Stoff, aus dem Heiligenlegenden sind, und doch Realität.

Gerade hat man sie noch mit fantasievoll ausgemalten Schilderungen der Paradiesesfreuden trösten wollen. Ach, das übe gar keinen Reiz auf sie aus, erwidert sie wegwerfend. Was denn dann, wollen die verunsicherten Schwestern wissen. Da wird ihr dünnes Stimmchen auf einmal voll und klingend vor lauter Freude: „Lieben, geliebt werden und auf die Erde zurückkehren, um die Liebe lieben zu lehren!" So überliefern es zumindest die Sammlerinnen der *Letzten Gespräche.* Und noch deutlicher, formuliert wie ein druckreifes Programm:

„Ich fühle, daß meine Mission beginnt: Gott lieben zu lehren,
wie ich ihn liebe, den Seelen meinen kleinen Weg zu zeigen.
Wenn mein Wunsch erfüllt wird, werde ich meinen Himmel bis
zum Ende der Welt auf Erden verbringen. Ja, ich will meinen
Himmel damit verbringen, Gutes auf Erden zu tun. Ich werde
keine Ruhe finden können bis ans Ende der Welt! Erst wenn der
Engel sagen wird, die irdische Zeit sei zu Ende, dann werde ich
ausruhen ..."

Hat die Fantasie den Schwestern einen Streich gespielt,
wenn sie sich später im Heiligsprechungsprozeß zu erinnern meinen, Thérèse habe ihnen fest versprochen, vom
Himmel her für sie zu sorgen, ihnen eine gute Obsternte
zu schicken und auch die Nonnen im Missionskarmel von
Saigon zu besuchen? „Im Himmel werden viele Dinge
verschwinden, die ich euch bringe; ich werde eine kleine
Diebin sein, ich nehme alles, was mir gefällt" – kann
sie das wirklich gesagt haben, lächelnd wie ein Schelm?
Hat sie ihnen tatsächlich feierlich aufgetragen, die Rosenblätter, mit denen sie das stets auf der Bettdecke liegende
Sterbekreuz schmückte, gut zu hüten – „sie werden Ihnen
später dazu dienen, vielen Menschen Freude zu machen" – und sogar ihre abgeschnittenen Fingernägel auf-
zubewahren?

So unwahrscheinlich klingt das alles nicht, wenn man
es mit den letzten Seiten ihrer *Histoire* und den Briefen an
die Missionare vergleicht. „O Jesus! könnte ich doch allen
kleinen Seelen sagen, wie unaussprechlich Deine Zuwendung ist", wünscht sie sich schon in jenem Teil des
Manuskripts, das sie im September 1896 für ihre Schwester Marie schreibt. Und die Aufzeichnungen für die Priorin Marie de Gonzague nennt sie selbst „eine Art Ab-
handlung über die christliche Liebe"; schwer vorstellbar,
daß diese recht konkreten Erörterungen über praktizierte
Liebe in einer Nonnengemeinschaft bloß zur privaten Information einer Vorgesetzten gedacht sein sollten. Die
Heiligen – nicht nur jene aus grauer Vorzeit, sondern auch

die „heute streitenden" – seien imstande, „die Welt aus den Angeln zu heben", heißt es hier.

„Ich werde fliegen können"

Schon am 30. Juli 1896 hat sie Pater Roulland – seine Abreise nach China stand bevor – geschrieben: „Wenn ich bald in den Himmel komme, bitte ich Jesus um die Erlaubnis, Sie in Su-tchuen zu besuchen, und wir werden unser Apostolat gemeinsam fortsetzen." Am 24. Januar 1897 eröffnet sie ihrem anderen „Bruder" in der Mission, Abbé Bellière, im Himmel werde sie dasselbe wünschen wie auf der Erde:

> *„Jesus lieben und andere ihn lieben lehren ... ich gebe zu, wenn ich im Himmel nicht mehr zu seiner Ehre arbeiten könnte, wäre mir die Verbannung lieber als die Heimat. Ich kenne die Zukunft nicht. Wenn aber Jesus meine Ahnungen verwirklicht, verspreche ich Ihnen, dort oben Ihre kleine Schwester zu bleiben. Unsere Verbindung wird keineswegs abgebrochen, sondern noch inniger werden. Dann gibt es weder Klausur noch Gitter mehr, und meine Seele kann mit Ihnen in die fernen Missionsgebiete fliegen."*

Am 19. März bittet sie Pater Roulland, er möge Gott um die Gnade bitten, sie auch nach ihrem Tod „Seelen retten" zu lassen; er soll sagen: „Mein Gott, gewähre meiner Schwester, weiterhin andere dich lieben zu lehren." Am gleichen Tag verspricht sie Mutter Agnès, „wenn ich dort oben bin, wird mein kleiner Arm gleichsam ganz lang sein". Am 25. April vertraut sie Abbé Bellière an, als Kind habe sie von großen Schlachten geträumt, nun aber wisse sie, ihre Sendung bestehe darin, „den König des Himmels lieben zu lehren und ihm das Königreich der Herzen zu unterwerfen".

Am 9. Juni schreibt sie Abbé Bellière einen Abschiedsbrief: Wenn sie ihr „Exil" verlassen habe, werde sie „in die fernen Missionen fliegen" und ihm „vom Himmel her" alles verständlich machen, was sie ihm hier nicht sagen könne. Pater Roulland prophezeit sie am 14. Juli: „Ah! mein Bruder, ich fühle es, im Himmel werde ich Ihnen viel nützlicher sein als auf der Erde ..."

Wieder eine Revolution! Die kleine Thérèse habe einen neuen Begriff des Jenseits geschaffen, bescheinigt ihr der Theologe Hans Urs von Balthasar. Allzu lange habe man sich den Himmel als persönliche, individuelle Seligkeit gedacht, als Zustand der Ruhe in Gott. Thérèse dagegen konnte ihn sich nicht anders vorstellen als einen Ort der Aktivität, der helfenden Liebe; damit habe sie die Gedankenwelt der Kirchenväter wiederentdeckt: die Heiligen im Wartezustand im Himmel. Balthasar: „Erst wenn alle Glieder des mystischen Leibes versammelt sind, kann der ganze Leib Christi auferstehen, erst wenn der letzte der erwarteten Brüder eintrifft, braucht der Himmel sich nicht mehr in Sorge über die Erde zu neigen."

Für Seelen vom Schlag Thérèses gebe es eben keine vollkommene Freude, solange ein anderer noch leiden müsse. „Ein paar Schritte weiter", Balthasar schlägt den Bogen zu Dostojewskij, „und wir stünden bei Iwan Karamasow, der die ewige Seligkeit nicht annehmen will, weil nach seiner Vorstellung die allzuglatt aufgehende ‚All-Harmonie' angesichts der Leiden dieser Welt unmoralisch wäre."

Während das ausgezehrte Skelett auf der Krankenstation von Lisieux davon träumt, wie es Seelen retten wird, beginnen die Schmerzen jedes Menschenmaß zu übersteigen. Thérèse ist permanent am Ersticken, tagelang, wochenlang. Vor Schwäche kann sie kaum mehr ein Kreuzzeichen machen. „O meine Mutter, was bedeutet es denn, schöne Sachen über das Leiden geschrieben zu haben!" sagt sie zu Agnès. „Nichts! Nichts! Man muß mittendrin stecken, um zu wissen, was solche Ergüsse wert sind."

„Mutter, ist das der Todeskampf?" fragt sie die Priorin am 29. September voller Angst, als die Atmung immer kürzer wird. „Nie werde ich zu sterben verstehen! ... Wann werde ich endlich ganz ersticken? Ich kann nicht mehr!"

Am nächsten Morgen tonlos zu Agnès: „Es ist die reine Agonie, ohne jeden Trost ... Wenn das der Todeskampf ist, was ist dann der Tod?" Der gute Gott werde ihr helfen, sagt man ihr, bald werde es vorbei sein. „Ja, aber wann??" stöhnt sie verzweifelt. „Mein Gott, hab Mitleid mit deinem armen kleinen Mädchen!"

Am Nachmittag spricht sie von Gottes Güte und stellt feierlich fest, als diktiere sie ihr Testament:

„Ich bereue nicht, mich der Liebe ausgeliefert zu haben ... O nein, ich bereue es nicht, im Gegenteil!"

Die Liebe hat das letzte Wort – wie schon in ihrer Autobiographie, deren drei Teile jeweils mit diesem Wort enden, wie in ihrer Korrespondenz: „Mein Weg ist ganz Vertrauen und Liebe", hat sie Maurice Bellière in einem der letzten Briefe eröffnet; „ich verstehe die Seelen nicht, die vor einem so liebevollen Freund Angst haben."

Gegen 17 Uhr geht mit ihrem Gesicht eine auffallende Veränderung vor, die Priorin läßt die Sterbeglocke läuten, die den ganzen Konvent an das Krankenlager ruft. Mehr als zwei Stunden lang wird Thérèses Brust von einem grauenhaften Röcheln zerrissen. Vom hochroten Gesicht rinnt der Schweiß, während ihre Füße eiskalt sind und die violett angelaufenen Hände erbarmungswürdig zittern. Um Luft zu bekommen, stößt sie spitze Schreie aus.

Weil sich nicht absehen läßt, wie lange dieser Todeskampf noch dauern wird, schickt die Priorin kurz nach 19 Uhr die anderen Schwestern weg. „Werde ich nicht sterben?" seufzt die von Qual geschüttelte Gestalt. „Doch, meine arme Kleine", sagt Marie de Gonzague tröstend, aber vielleicht wolle sie Gott noch ein paar Stunden leiden lassen.

„Also gut", preßt Thérèse hervor. „Weiter! ... Weiter!" Sie wirft einen zärtlichen Blick auf das Kruzifix. Sie flüstert, mit letzter Kraft: „Mein Gott, ... ich ... liebe ... dich!" Dann fällt ihr Kopf zur Seite.

Die Priorin läßt die Glocke noch einmal läuten, die Schwestern strömen zurück in das Krankenzimmer. „Öffnet alle Türen!" befiehlt Marie de Gonzague mit aristokratischem Sinn für die Größe dieses Augenblicks. „Dieses Wort hatte etwas Feierliches an sich", wird sich Agnès später erinnern, „so daß ich denken mußte, der liebe Gott sagt jetzt im Himmel das gleiche zu seinen Engeln."

Alle Schwestern fallen rings um das Sterbelager auf die Knie. Thérèses Gesicht hat sich erneut verändert, es hat seine gesunde Farbe zurückgewonnen, sieht aus wie das Antlitz eines wunderschönen jungen Mädchens, und ihre Augen blicken strahlend nach oben. Sie bewegt den Kopf noch ein wenig und stirbt mit einem kleinen Seufzer, ein Lächeln auf den Lippen. Es ist halb acht Uhr abends, der 30. September 1897.

Der gegen frommen Kitsch allergische Karl Rahner fand das „Gesumse" und „infantile Getue" um Thérèse von Lisieux entsetzlich. Aber dieses bewußte, hellwache Sterben ohne jeden Versuch, Todesangst zu verdrängen oder Qualen zu beschönigen, registrierte er voller Bewunderung. Hier sei einem Menschen sein Tod in der Finsternis als Sieg des Lichts über allen Unglauben und alle Hoffnungslosigkeit „geglückt".

Nach ihrem Tod solle man nicht trauern, „es wird sein wie ein Regen von Rosen", soll Thérèse mit einem damals sehr verbreiteten Bild gesagt haben. Die Kitschbilder mit der Heiligen, die vom Himmel her Rosen auf die Erde regnen läßt, hat Rahner ebenfalls nicht sonderlich geschätzt. Aber er wußte: „Es gibt auch schwarze Rosen. Solche mögen weiter fallen in die Nacht des Sterbens, schwarze Rosen einer Hoffnung, die unhörbar und fast ununterscheidbar in solche Nächte fallen. In Deine und – in meine."

8

Die Welt:
„Ich werde meinen Himmel
auf Erden verbringen"

„Ich traue dich mir an auf ewig;
ich traue dich mir an um den Brautpreis
von Gerechtigkeit und Recht,
von Liebe und Erbarmen"

HOSEA 2

Kaum hat man die kleine Karmelitin begraben, die zu diesem Zeitpunkt außerhalb von Lisieux noch kaum jemand kennt, setzt innerhalb des Martin-Clans eine hektische Betriebsamkeit ein: Das so früh, so qualvoll und so beispielhaft gestorbene Schwesterchen muß publik gemacht werden. Es beginnt ein Werbefeldzug, der jeder Public-Relation-Firma des ausgehenden 20. Jahrhunderts Ehre gemacht hätte und den Titel tragen könnte: „Wie man eine Heilige produziert".

Als erstes muß Thérèse eine Ruhestätte bekommen, die unter den gleichförmigen Grabhügeln der Karmelitinnen auf dem städtischen Friedhof auffällt. Also gibt man ihrem Grabkreuz als einzigem eine Inschrift: „Ich werde meinen Himmel damit verbringen, Gutes auf Erden zu tun." So etwas zieht die Wundersüchtigen an wie das Licht die Motten. Der Widerstand der sonst so dominanten Priorin wird einfach überrannt.

Zur Veröffentlichung von Thérèses eigentlich privaten Aufzeichnungen muß sie dagegen nicht extra überredet werden. Weil sie in dem Text ziemlich gut wegkommt und sich wohl auch ordensinterne Publicity für ihren Karmel erhofft, läßt Marie de Gonzague statt des üblichen knappen „Totenbriefs", der an alle Klöster geschickt wird, die ganze *Histoire* drucken, inklusive einer Auswahl von Thérèses Briefen und letzten Aussprüchen, dazu noch sämtliche Gedichte und eine Anzahl Gebete, insgesamt 502 Manuskriptseiten, in einer Auflage von immerhin 2000 Exemplaren. „Aus Gründen der Einheitlichkeit", wie sie bescheiden erklärt, werden die Anreden in den verschiedenen Buchteilen verändert, so daß nun plötzlich die ganze Lebensgeschichte der guten Mutter Marie de Gonzague gewidmet ist!

Manche im Karmel fürchten zwar, das Buch werde ein Ladenhüter sein und im Kloster bloß Platz wegnehmen, aber der gute Isidore Guérin bezahlt ja alles. Sogar der Bischof, der in Thérèses Erörterungen über die Barmherzigkeit Gottes und die Rettung der Sünder allzuviel weibliche Einbildungskraft am Werke sieht, läßt sich seine Skepsis ausreden. Tatsächlich müssen ein halbes Jahr später 4000 Exemplare nachgedruckt werden, in Spanien, Großbritannien und Polen reißt man sich um die Übersetzungsrechte. 1904 erscheint die *Histoire* in Italien und den Niederlanden, 1905 in Deutschland, Portugal, Rußland, Japan. Bis zu Thérèses Heiligsprechung 1925 werden allein auf Französisch knapp zweieinhalb Millionen Exemplare verkauft, nicht gerechnet die Übersetzungen in 35 Sprachen.

Ein manipulierter Bestseller

Gewiß lag man mit dem Titel *Geschichte einer Seele* voll im Trend einer individuellen, gefühlvollen, psychologische Erkenntnisse einbeziehenden Frömmigkeit. Thérèse selbst wollte ihre Aufzeichnungen *Frühlingsgeschichte einer kleinen weißen Blume* nennen, und im Karmel wurde zunächst, noch schlimmer, der Titel *Ein Hohes Lied der Liebe oder Der Vorübergang eines Engels* favorisiert.

Das alle Erwartungen sprengende Publikumsinteresse war sicher nicht bloß ein gutes Zeichen. Viele begeisterten sich nur für die glatte Oberfläche des Textes, genossen die entzückenden Kindheitsschilderungen und die bezaubernden Plaudereien über Adler und Vögelchen auf ihrem Flug zu den Himmelshöhen – ohne zu sehen, wo Thérèses Weg über die biedere Tugendhaftigkeit hinausgeht.

Schwester Agnès hatte sich auch nach Kräften bemüht, abzuschleifen und zu entschärfen. Mit der Autorität der von Thérèse selbst zum „Mütterchen" erwählten großen Schwester maßt sie sich an, an dem Text herumzukorrigieren wie an einer Schularbeit. Während Thérèse etwa in namenloser Verzweiflung schildert, wie sie der einst so tröstliche Gedanke an den Himmel bloß noch quält, formuliert Agnès geschickt um: „Oh, wie angenehm ist mir diese Erinnerung!" Die Glaubenskrise wird verharmlost, ein Rückblick auf die frühere Sicherheit, und schon ist alles nicht mehr so schlimm. Wenn Thérèse, ganz in der Tradition der großen Mystikerinnen, die Sprache der Erotik wählt, Feuer und Eisen sich gegenseitig „mit brennender Substanz durchdringen" läßt, bis beide Elemente eins zu sein scheinen, wählt Agnès den blassen Ausdruck philosophischer Abstraktion: Das Eisen wünsche, das „Wesen" des Feuers zu „teilen".

Agnès – Pauline Martin – hat nie begriffen, warum sich ein paar lästige Forscher an ihren gutgemeinten Manipulationen störten. Noch kurz vor ihrem Tod, sie starb 1951 im Alter von fast 90 Jahren, beharrte sie darauf, die *Geschichte einer Seele* habe in der von ihr bearbeiteten Form unendlich viel Gutes bewirkt und zahllose Menschen zu Thérèse geführt – womit sie zweifellos recht hat –; wozu plötzlich das ursprüngliche Manuskript rekonstruieren? Kannte sie nicht die Gedanken des Schwesterchens am allerbesten – womit sie sich fatal irrt, sie hat Thérèse oft genug überhaupt nicht verstanden -?

Zum Glück haben sich die ebenso ehrfurchtsvoll wie

mit kritischer Akribie vorgehenden Fachleute nicht ab-
schrecken lassen. Ein Machtwort von Papst Pius XII. soll
die Ordensleitung bewogen haben, die Forschungen vor-
anzutreiben: In ihrem Auftrag und unter sachkundiger
Mitarbeit eines Teams von Nonnen aus Lisieux konnte ein
bescheiden unter seinem Ordensnamen Pater François de
Sainte-Marie publizierender Karmelit 1956 endlich eine
Rekonstruktion des Originaltextes veröffentlichen – die
auch sämtlichen Zitaten in diesem Buch zugrunde liegt.

Eine ähnliche Fleißarbeit war nötig, um die von Thérèses künstlerisch talentierter Schwester Céline – im Orden
Geneviève de la Sainte-Face et de Sainte-Thérèse – zu
idealisierten Ikonen verkitschten Fotos und die ebenfalls
von Céline gelieferten bunten Ölgemälde durch authentische Dokumente zu ersetzen.

Céline hatte ziemlich bedenkenlos retuschiert, mon-
tiert, auf Gruppenfotos die Personen umgestellt. Stolz berichtet sie, wie sie das bei einem gar nicht so schlechten
Kunstmaler in Auftrag gegebene Gemälde *Thérèse mit den
Sternen* behandelt hat: „Nachträglich habe ich das Profil
Thérèses neu gemacht und Papa einen anderen Kopf auf-
gesetzt."

Ein schlechtes Gewissen hatte sie dabei nicht, die Manipulationen dienten ja erbaulichen Zwecken und entspra-
chen dem Geschmack der Zeit. Heilige hatten eben ein
weltentrückt schönes Gesicht zu besitzen, in einem reinen
Oval, kein so herausfordernd eckiges Kinn, wie es der
echten Thérèse eigen war. Die üblen Folgen laut Pater
François: „Thérèse geht es nur darum, zu ‚sein'; sie ‚ist', in
der ganzen Kraft des Wortes. Céline, im Gegenteil, legt
mit ihren Retuschen den Nachdruck auf das ‚Scheinen';
ohne sich dessen bewußt zu sein (denn es geht hier natürlich nicht um sittliches Verschulden), hat sie durch ihre
Retuschen aus ihrer Schwester eine unpersönliche Heilige
gemacht."

Es war wieder François de Sainte-Marie, der Célines
Originalnegative auftrieb und 1961 neu herausgab. Auf

den alten Platten, Kontaktdiapositiven, Citratkopien zeigt sich Thérèse verloren, unsicher, depressiv, durchaus um Liebenswürdigkeit bemüht, aber die Fröhlichkeit will ihr nicht ganz gelingen, das Lächeln bleibt in den Mundwinkeln hängen. Céline wendet ein paar Tricks an; sie verkleinert den Mund, glättet die Züge, retuschiert das Kinn, vergrößert die Augen – fertig ist die kleine Heilige. „Da ist sie nun schon ganz himmlisch", amüsiert sich Pater François, „und man versteht nicht mehr ganz, daß sie noch auf Erden weilt".

Die Freundin von Muslimen und Buddhisten

Was uns heute peinlich berührt, gewann der kleinen Thérèse über Jahrzehnte hinweg freilich die Herzen. Die Kitschgemälde vom Rosenregen zogen in allen Erdteilen in Kathedralen und Dorfkirchen, Schulen und Kindergärten, Bürgerwohnungen und Bauernstuben ein. Russischorthodoxe Christen, die von den Heiligen des Westens bisher nur den liebenswürdigen Franz aus Assisi gelten ließen, gaben ihrer Ikone einen Ehrenplatz in den Gotteshäusern. Ein Koptenkloster in der oberägyptischen Wüste betrachtet Thérèses ins Arabische übersetzte Lebensgeschichte als geistige Grundlage der Gemeinschaft.

Die Liebe zu diesem Mädchen, das Andersdenkende und Ungläubige stets zu achten suchte und höchstens bekehren, nicht aber vernichten wollte, kannte bald schon keine Schranken mehr. Die Anglikaner hüten in ihrer Wallfahrtskirche *Our Lady of Walsingham* eine Bettdecke Thérèses – unwichtig, ob sie echt ist – wie ein Heiligtum. Ein Buddhistenpriester aus Indien führte eine Reisegruppe nach Lisieux und betete dort in den *Buissonnets* das Vaterunser der Christen, voller Respekt für die grenzüberschreitende Spiritualität der kleinen Nonne. In Kairo bauten ihr Muslime eine – katholische – Basilika.

Im Ersten Weltkrieg, der Karmel von Lisieux erhielt

täglich bereits 500 Briefe von Thérèse-Verehrern aus vielen Ländern, klebten sich die französischen Soldaten Thérèses Bild genauso vertrauensvoll auf die Gewehrkolben wie in den Schützengräben der anderen Seite ihre deutschen Gegner. Sie konnte sich nicht dagegen wehren, daß man Kampfflugzeuge und Geschützbatterien nach ihr benannte.

Lieber werden ihr die Hilferufe von Arbeitslosen und geplagten Müttern, Schulkindern mit Prüfungsangst und heiratslustigen Bauernmägden, Krebs- und Tbc-Kranken gewesen sein, die ihre Anliegen und in immer größerer Zahl auch den Dank für gewährte Heilung oder Problemlösung nach Lisieux schickten; der Karmel publizierte einen Teil dieser Briefe unter dem schönen Titel *Rosenregen*, bis zum Jahr 1926 sieben Bände von über 3000 Seiten. Eigenartig, daß die meisten Wunder aus Afrika gemeldet wurden.

Thérèses leibliche Schwestern im Karmel wurden alle sehr alt – Marie starb 1940 mit knapp 80 Jahren, Pauline (wie wir schon wissen) 1951 mit fast 90, Céline 1959 ebenfalls knapp 90jährig – und nutzten ihre lange Lebenszeit, das Andenken ihres Nesthäkchens zu konservieren. Pauline, Mutter Agnès, hat es geschafft, vom Vatikan zur Priorin „auf Lebenszeit" ernannt zu werden, eine absolute Ausnahme im Karmelitenorden. Während all dieser Jahre organisiert sie den Thérèse-Kult mit hingebungsvoller Liebe, unerschöpflicher Energie, wenn auch nicht immer mit Geschmack.

Fotos für das Nachtkästchen, Bilder zum Einlegen in die Gebetbücher, reliquienähnliche „Andenken" gehen in unvorstellbarer Menge und einem nie endenden Strom in alle Welt hinaus. Céline entwickelt sich zur Meisterin im Zerschnippeln von Wäschestücken, Bettlaken, Ordensgewändern, Vorhängen, Tischtüchern, hölzernen Gebrauchsgegenständen, die Thérèse irgendwann einmal berührt hat, in winzigkleine Fasern, Fetzchen und Splitter. Man erinnert sich an die Sache mit den Nagelresten.

Marie, die älteste Schwester, und Thérèses kleine Freundin Marie de la Trinité haben während der letzten Lebensmonate sorgsam die Haare der Kranken gesammelt.

1909/10 – der Seligsprechungsprozeß hatte noch nicht begonnen – wurden binnen zwölf Monaten exakt 183 348 Bildchen und 36 612 „Andenken" verschickt. Von 1897 bis 1925 sollen es nach ernst zu nehmenden Berechnungen 30,5 Millionen Bilder und 17,5 Millionen „Reliquien" gewesen sein. Man fragt sich, was die armen Karmelitinnen von Lisieux während dieser ganzen Zeit außer ihrer Versandtätigkeit eigentlich noch gemacht haben.

Den Pilgern, die bereits in Scharen nach Lisieux strömen, genügt so ein Bildchen nicht. Die städtischen Behörden müssen einen Wachdienst an Thérèses Grab aufstellen, wo sich längst Visitenkarten, Votivtafeln, Dankbezeugungen auf Schildern, Zetteln, Postkarten türmen. Denn die frommen Touristen säbeln Späne vom Holzkreuz – das schließlich durch ein Kruzifix aus Blech ersetzt wird –, reißen die Blumen ab, graben die Erde aus und tragen noch die kleinsten Steinchen aus der Umgebung davon.

Doch die Liebe zur großen kleinen Thérèse erfaßt nicht nur schlichte Gemüter; die Karmelitin fasziniert von Anfang an auch die Intellektuellen, die zaudernden Skeptiker, die Künstler und Literaten, von den Dichtern Claudel und Bernanos, der die Welt am „Mangel an Kindheit" sterben sah, bis zum gefeierten Autor von Sozialreportagen Gilbert Cesbron („Die Heiligen gehen in die Hölle"), vom Philosophen und Nobelpreisträger Henri Bergson bis zum atheistischen Monarchisten – und leider auch Antisemiten – Charles Maurras. Nicht zu vergessen der „Spatz von Paris", die tiefgründige Chansonette Edith Piaf, die als kleines Kind drei Jahre lang blind war und in Lisieux ihr Augenlicht wieder erhielt. „Für Edith war das ein echtes Wunder", sagt ihre Schwester Simone Berteaut.

Letztlich ist die fast magnetische Anziehungskraft, die dieses Mädchen aus dem Karmel und seine langatmige Selbstbiographie seit einem vollen Jahrhundert auf die

Menschen ausüben, nicht erklärbar – weder mit der Werbestrategie der Schwestern Martin noch mit den Gesetzen des Buchmarkts. Durch ihre Schrift werde man die Güte Gottes besser kennenlernen, soll sie zu Mutter Agnès gesagt haben. „Oh! ich weiß wohl, alle Menschen werden mich lieben ..."

Der Gott der „schwarzen Rosen"

1910 eröffnet Bischof Lemonnier von Bayeux den Seligsprechungsprozeß auf Bistumsebene. Man müsse sich mit der Ehrung beeilen, meint der Chef der zuständigen römischen Ritenkongregation, Kardinal Vico, „wenn wir nicht riskieren wollen, daß uns die Stimme der Völker überholt". 37 Zeugen werden fürs erste vernommen, 7500 Seiten Akten angelegt.

Während der Karmel von Lisieux dazu übergeht, die vielen jungen Mädchen, die eintreten wollen, mit Formbriefen abzufertigen – mehr als zwei Dutzend Nonnen soll ein Karmel nicht beherbergen –, spricht Papst Pius XI. die kleine Thérèse am 29. April 1923 selig – und nennt sie eine Botschaft Gottes an das 20. Jahrhundert.

Zwei Jahre später die Heiligsprechung, an der eine halbe Million Gläubige teilnehmen, darunter 23 Kardinäle und 250 Bischöfe. Die römische St.-Peters-Basilika ist in ein Meer von Licht getaucht, an den Säulen hat man Tausende von Kerzen bis dicht unter die Kuppel entzündet. Plötzlich schweben von einem der festlich geschmückten Pfeiler drei weiße Rosen herunter, langsam und elegant, und berühren die rechte Hand des Papstes. Solche bezaubernden Episoden hat die kleine Thérèse immer geliebt.

Die Päpste ernennen die neue Heilige zur Patronin der Missionen und der *Christlichen Arbeiter-Jugend,* zur zweiten Patronin Frankreichs – neben Jeanne d'Arc – und Australiens, zur *Beschützerin Rußlands,* zur Patronin der *Christlichen Seefahrenden Jugend* und der Marine-Infanteristen – und 1997, auf Antrag mehrerer Bischofskonferenzen, zur Kirchenlehrerin, ein Ehrentitel, den bisher nur zwei Frauen tragen, Caterina von Siena und Teresa von Ávila.

1937 weiht Kardinal Pacelli, der spätere Papst Pius XII., die neue Basilika in Lisieux ein, einen monumentalen Bau – allein die Krypta faßt 3000 Menschen – im Stil der „Neuen Sachlichkeit", mit Anklängen an den Jugendstil und Vorgriffen auf den Kubismus. Ein wenig protzig sieht alles aus, aber die Gottesdienste, auch die mit großen Menschenmassen, haben einen schlichten Grundton und kennen Zonen der Stille.

1942 hat sich das Seminar der *Mission de France* in Lisieux angesiedelt; hier werden Priester speziell zur Auseinandersetzung mit dem Atheismus herangebildet. 1952 zieht das Seminar nach Limoges um. In Lisieux arbeitet man in der folgenden Zeit an der kritischen Edition der Werke Thérèses, ihrer Briefe, Gedichte, Theaterstücke und Gebete, die in einer achtbändigen „Jahrhundertausgabe" erscheinen – 1989 preisgekrönt von der *Académie Francaise.*

Man hat gesagt, mit Thérèse seien all die ganz normalen, unauffälligen Christenmenschen heiliggesprochen worden, die ihren *kleinen Weg* der Treue und Einfachheit immer schon still und selbstverständlich gegangen seien, ohne zu ahnen, daß es der vollkommene Weg ist. In ihr, meint Ida Friederike Görres, zeige sich „ein Schimmer von dem, was die Geringen im Hause des Vaters erwartet". Heute nennt man das „Option für die Armen".

Wir haben gesehen, wie sie den Glauben auf den Punkt bringt, die Hoffnung stark macht und die Liebe konkret. Wir haben gelesen, wie sie einen liebevollen, nahen Gott verkündet, der solidarisch mit den Leiden der Menschen ist. Vielleicht schweigt er, vielleicht ist er nicht mehr allmächtig, aber er steckt mitten in unserer Not drin, er gibt sich hin – und verwandelt damit das Elend. Dietrich Bonhoeffer: „Gott läßt sich aus der Welt herausdrängen ans Kreuz, Gott ist ohnmächtig und schwach in der Welt und gerade so und nur so ist er bei uns und hilft uns."

Es ist der Gott der „schwarzen Rosen", die sacht und tröstend in unsere hoffnungslosen Nächte fallen.

Zeittafel

1873	2. Januar	Thérèse Martin wird in Alençon (Normandie) geboren
1873	März bis	
1874	April	Thérèses Erholungsaufenthalt in Rose Taillés Bauernhaus in Semallé
1877	28. August	Tod der Mutter Zélie
1877	15. November	Umzug nach Lisieux
1881	3. Oktober	Thérèse kommt als „Halbpensionärin" in die Schule der Benediktinerinnen von Lisieux
1882	2. Oktober	Thérèses Lieblingsschwester Pauline tritt in den Karmel von Lisieux ein
1882	Dezember bis	
1883	Mai	Schwere gesundheitliche Krise
1884	8. Mai	Erste heilige Kommunion
1886	Februar	Thérèse wird von der Schule genommen und erhält Privatunterricht
1886	15. Oktober	Thérèses älteste Schwester Marie tritt in den Karmel ein
1886	25. Dezember	„Bekehrungserlebnis" nach der Mitternachtsmesse
1887	31. August	Hinrichtung des Raubmörders Henri Pranzini, den Thérèse als „meinen ersten Sünder" bezeichnet
1887	31. Oktober	Vater Martin und Thérèse bitten Bischof Hugonin in Bayeux darum, den vorzeitigen Ordenseintritt zu genehmigen

1887	20. November	Thérèse trägt Papst Leo XIII. dieselbe Bitte vor
1888	9. April	Eintritt der 15jährigen Thérèse Martin in den Karmel von Lisieux; Arbeit in der Wäschekammer
1889	10. Januar	Einkleidung; Arbeit im Speisesaal
1890	8. September	Thérèse legt ihre Ordensgelübde ab
1891	Februar	Gehilfin in der Sakristei
1891	Dezember bis	
1892	Januar	Eine Grippeepidemie im Karmel fordert mehrere Todesopfer. Thérèse wird in der Krankenpflege eingesetzt
1893	2. Februar	Thérèse schreibt ihr erstes Gedicht im Karmel
1893	Februar	Thérèse wird Gehilfin der Novizenmeisterin
1893	Juni	Gehilfin der Wirtschaftsverwalterin
1893	September	Gehilfin an der Pforte
1894	29. Juli	Tod des Vaters Louis Martin
1894	14. September	Céline Martin tritt in den Karmel ein
1896	20. Januar	Übergabe des ersten Heftes ihrer autobiographischen Aufzeichnungen an die Priorin
1896	März	Gehilfin der Novizenmeisterin, Arbeit in der Sakristei und in der Wäschekammer
1896	2./3. April	Erstes Blutspucken
1896	September	Zweiter Teil der Autobiographie
1897	April	Thérèses Tuberkulose bricht voll aus
1897	Juni/Juli	Arbeit am letzten Teil der Autobiographie
1897	30. September	Tod auf der Krankenstation des Karmels von Lisieux

1897	4. Oktober	Beisetzung auf dem städtischen Friedhof
1898	30. September	Thérèses *Geschichte einer Seele* erscheint in 2000 Exemplaren
1910	3. August	Einleitung des Informativprozesses für die Seligsprechung
1923	29. April	Seligsprechung durch Papst Pius XI.
1925	17. Mai	Heiligsprechung ebenfalls durch Papst Pius XI.
1956		Publikation des authentischen Textes der Autobiographie
1997		Thérèse von Lisieux wird zur Kirchenlehrerin erhoben

Ausgewählte Literatur

Thérèse de Lisieux: Manuscrits autobiographiques. Edition en fac similè, avec 3 volumes de notes. Lisieux 1957

Thérèse de Lisieux: Correspondendance Générale. Lettres de Thérèse et de ses correspondants, avec introduction et notes, 2 volumes. Paris 1972/73

Thérèse de Lisieux: Poésies. 2 volumes, avec notes. Paris 1979

Thérèse de Lisieux: Derniers Entretiens. Avec introduction et notes. Paris 1971

Thérèse de Lisieux: Oevres complètes. Paris 1996

Therese vom Kinde Jesus: Selbstbiographische Schriften. Authentischer Text. Nach der von P. François de Sainte-Marie O.C.D. besorgten und kommentierten Ausgabe ins Deutsche übertragen von Dr. Otto Iserland und Cornelia Capol. Einsiedeln [12]1991

Therese Martin: Briefe. Deutsche authentische Ausgabe. Leutesdorf [3]1983

Therese Martin: Ich gehe ins Leben ein. Letzte Gespräche der Heiligen von Lisieux. Leutesdorf [3]1992

Therese von Lisieux: Gebete der Liebe. München–Zürich–Wien 1990

Therese von Lisieux, wie sie wirklich war. Authentische Photographien. Einleitung und Bildkommentar von P. François de Sainte-Marie. Einsiedeln 1961

Céline Martin: Meine Schwester Therese. Wien-München 1961

Zélie Martin: Briefe der Mutter der heiligen Therese von Lisieux. Leutesdorf [2]1985

Prozesse der Seligsprechung und Heiligsprechung der Heiligen Theresia vom Kinde Jesu und vom Heiligen Antlitz. Hrsg. von der Theologischen Fakultät O.C.D. Band 1: Apostolischer Prozeß und kleiner Prozeß zur Nachforschung nach den Schriften der Heiligen. Band 2: Bischöflicher Informativprozeß. Karlsruhe 1993

Ida Friederike Görres: Das verborgene Antlitz. Eine Studie über Therese von Lisieux. Freiburg i. Br. ³1947

Victoria Mary Sackville-West: Adler und Taube. Eine Studie in Gegensätzen. Die heilige Teresa von Avila. Die heilige Therese von Lisieux. Hamburg 1947

Hans Urs von Balthasar: Therese von Lisieux. Geschichte einer Sendung. Köln 1950

Hans Urs von Balthasar: Aktualität von Lisieux. In: Geist und Leben 46(1973), 126–142

Walter Nigg: Große Heilige. Zürich-München ⁹1974

Karl Rahner: Tod als Aufgang des Lichts. In: Christliche Innerlichkeit 8 (1972/73), 34–36

Jean-Francois Six: Theresia von Lisieux. Ihr Leben, wie es wirklich war. Freiburg-Basel-Wien ⁴1978

Victor de la Vierge: Theresia von Lisieux, Lehrmeisterin des geistlichen Lebens. Nach den authentischen Handschriften. Friedberg ³1983

Stéphane-Joseph Piat: Geschichte einer Familie. Im Elternhaus der heiligen Therese vom Kinde Jesus. Eine Schule der Heiligkeit. Leutesdorf 1983

Alfons W. Adelkamp: Jesus – unser Bruder. Die Christusgestalt der Therese von Lisieux. Frankfurt am Main 1978

Hans Brinkmann: Angst und Geborgenheit bei Therese von Lisieux. Leutesdorf 1979

Guy Gaucher: Chronik eines Lebens. Schwester Therese vom Kinde Jesus vom heiligen Antlitz. Therese Martin (1873–1897). Leutesdorf ³1995

Guy Gaucher: Der Leidensweg der heiligen Therese von Lisieux. 4. April bis 30. September 1897. Leutesdorf ³1993

Theresia und Lisieux. Hrsg. vom Theresienwerk e.V. Augsburg. Fotografien: Helmuth Nils Loose. Texte: Pierre Descouvemont. Ausstattung: Daniel Leprince. Karlsruhe 1995

Christian Feldmann

Friedrich Spee
Hexenanwalt und Prophet
304 Seiten, gebunden; ISBN 3-451-22854-8

Der Jesuit Friedrich Spee (1591–1635) gehört zu den über-
zeugendsten Beispielen von Zivilcourage in der Geschichte
der christlichen Kirche. Treu seinem Gewissen legte er sich
mit den allmächtigen Hexenjägern an, forderte Menschen-
rechte und faire Gerichtsverhandlungen für die angeblichen
Satanstöchter. Das packende Portrait eines mutigen Mannes
in dunkler Zeit.

Hildegard von Bingen
Nonne und Genie
Herder Spektrum, Band 4435; ISBN 3-451-04435-8

Hildegard von Bingen - kaum eine andere Persönlichkeit des
Mittelalters findet in so vielen Bereichen Anerkennung bis in
unsere Tage. Christian Feldmann zeichnet hier ein gründlich
recherchiertes und mitreißendes Portrait dieser ungewöhnlichen Frau vor dem aufregenden Panorama der mittelalterli-
chen Welt. Eine spannende Begegnung mit einer der faszi-
nierendsten Gestalten der Geschichte.

Gottes sanfte Rebellen
Große Heilige
Herderbücherei Band 8833; ISBN 3-451-08833-9

Gottes sanfte Rebellen heben eine Welt aus den Angeln, indem sie anders leben. Hier begegnen wir keinen auf sakrale
Sockel erhobenen Gipsfiguren. Vielmehr werden ihre Zeit
und ihr Engagement wieder lebendig, ihr Sehnen und ihre
Ängste, ihre Enttäuschungen und ihre Erfolge: Menschen, erfüllt von der Energie des Unsichtbaren.

Verlag Herder

Christian Feldmann

Träume werden wahr

Menschen im Gegenwind unserer Zeit
380 Seiten, gebunden mit Schutzumschlag
ISBN 3-451-23537-4

Auch in unserem so verängstigten und verzweifelten Jahrhundert gibt es sie: Menschen mit unbeugsamem Gewissen, die sich selbst und ihrem Traum von einer besseren Welt treu bleiben; Menschen, die ihren Einsichten engagierte Taten folgen lassen.

Christian Feldmann zeichnet die Portraits großer Zeitgenossen, darunter Mahatma Gandhi, Rigoberta Menchú, Ruth Pfau, Martin Buber, Abbé Pierre und Philomena Franz. Biografien, die Mut machen.

Wer glaubt, muß widerstehen

Bernhard Lichtenberg – Karl Leisner
171 Seiten, Paperback
ISBN 3-451-26052-2

Mit der Seligsprechung von Bernhard Lichtenberg und Karl Leisner ehrte Papst Johannes Paul II. zwei mutige Streiter für Wahrheit, Gerechtigkeit und Menschenwürde unter der nationalsozialistischen Gewaltherrschaft.

Sensibel und präzise recherchiert, stellt Christian Feldmann die Lebensgeschichten dieser kantigen Glaubenszeugen vor, ihr Wirken und ihr Martyrium.

Verlag Herder